KB262442

중국어 기초 어휘

姜燕, 최연우 저

1945
문예림

姜 燕

長春理工大学 중어중문학과 학사 졸업
한국 중앙대학교 석사 졸업
現 성균관대학교 중어중문학과 어학박사 수료

• 前 광운대학교 회화 및 HSK 강사
• 現 명지대학교 중어중문과 전임 교수

최 연 우

한양대학교 중어중문학과 학사 졸업
성균관대학교 교육대학원 중국어교육학과 석사 졸업

• 現 경민비즈니스고등학교 재직

초판 인쇄 : 2013년 3월 2일
재판 발행 : 2013년 3월 5일

저   자 : 姜 燕, 최연우
펴낸이 : 서 덕 일
펴낸곳 : 도서출판 **문예림**
등   록 : 1962. 7. 12 제2-110호

주소 : 서울특별시 광진구 군자동 1-13 문예하우스 101호
전화 : (02)499-1281~2
팩스 : (02)499-1283
http://www.bookmoon.co.kr
E-mail : book1281@hanmail.net

ISBN 978-89-7482-710-6(13770)

＊잘못된 책이나 파본은 교환해 드립니다.

　이 책은 중국어 학습자들이 주제별로 중국어의 기초적인 낱말과 표현을 익히고, 이를 바탕으로 일상생활의 기본적인 표현들을 배울 수 있도록 작성된 책입니다.

　이 책에는 인사와 소개부터 감정표현, 성격과 신체묘사, 스포츠와 취미활동 등과 같은 일상생활의 기본적인 의사소통 영역에서 사용되는 낱말들은 물론, 중국어권을 여행할 때 필요한 호텔 및 레스토랑, 교통수단 등의 주제도 포함되어 있습니다. 아울러 중국어권의 사회 문화를 엿볼 수 있는 영역의 주제들인 우체국, 기차역, 거주지, 집안용품, 중국의 교육체제, 중국어권 음식 등의 내용도 다뤘습니다.

　각 장은 그림과 함께 제시되는 기본 낱말들과 추가적인 낱말들, 그리고 유용한 기본 표현들을 담고 있으며, 학습한 내용을 점검할 수 있도록 연습문제도 제시하였습니다. 이를 통해서 여러분은 자신의 학습 정도를 스스로 확인하고, 중요한 내용을 한 번 더 정리할 수 있는 기회를 얻을 수 있을 것입니다.

　이 책을 통해서 비록 중국어를 완벽하게 익힐 수는 없을지라도, 낱말들이 그림과 함께 주제별로 제시되어 있어 짧은 많은 중국어 기초 어휘를 쉽게 개관할 수 있을 것입니다. 또한 주제별 낱말과 함께 제시된 유익하고 실용적인 기본 표현들은 실제 중국어 사용 능력을 배양하는 데에도 좋은 기초가 될 것입니다. 아무쪼록 이 책이 중국어 공부를 시작하는 사람들에게 좋은 길잡이가 되기를 바랍니다.

2013년 2월
저 자

인사 (打招呼 dǎzhāohu)

你好！过得好吗？ Nǐhǎo! Guò de hǎo ma? (안녕? 잘 지내니?)

－我过得很好。谢谢！你呢？ Wǒ guò de hěn hǎo。Xièxie! Nǐ ne?

(잘 지내, 고마워, 너는?)

过得怎么样？ Guò de zěnmeyàng? (어떻게 지내니?)

您好！过得怎么样？ Nínhǎo! Guò de zěnmeyàng? (안녕하세요? 잘 지내요?)

－我过得很好。谢谢！您呢？

Wǒ guò de hěn hǎo。 Xièxie! Nín ne?

(아주 잘 지내요. 고마워요. 당신은?)

再见！明天见！

Zàijiàn! Míngtiān jiàn!

(안녕, 내일 봐요!)

－再见！ Zàijiàn!(안녕!)

你好！王明，过得怎么样？Nǐhǎo! Wángmíng, Guò de zěnmeyàng?
(안녕하세요, 왕밍씨, 어떻게 지내세요?)
－谢谢！我过得很好，你呢？Xièxie! Wǒ guò de hěn hǎo, Nǐ ne?
 (감사해요, 잘 지내요, 당신은요?)

你们好！你们过得怎么样？
Nǐmen hǎo! Nǐmen guò de zěnmeyàng?
(안녕! 너희들 어떻게 지내니?)
大家好！大家过得怎么样？Dàjiā hǎo! Dàjiā guò de zěnmeyàng?
(안녕하세요. 어떻게들 지내세요?)

(1) 친한 사이(你 nǐ)

- 你好! 李明, 过得好吗? Nǐhǎo! Lǐmíng, Guò de hǎo ma?
  (안녕! 이명, 어떻게 지내?)
  - 我过得很好, 你呢? Wǒ guò de hěn hǎo nǐ ne? (잘 지내, 너는?)
- 你好! 过得好吗? Nǐhǎo! Guò de hǎo ma? (안녕! 어떻게 지내?)
  - 我过得很好, 谢谢! Wǒ guò de hěn hǎo, Xièxie! (잘 지내, 고마워.)

(2) 처음 보는 사람이나 격식을 차려야하는 사이(您 Nín)

- 过得好吗? Guò de hǎo ma? (어떻게 지내세요?)
  - 我过得很好, 谢谢! 您呢? Wǒ guò de hěn hǎo, xièxie! nín ne?
    (잘 지내요, 고마워요, 당신은요?)
  - 我过得也很好, 谢谢! Wǒ guò de yě hěn hǎo, Xièxie!
    (매우 잘 지내요, 고마워요.)

- 下次见! Xià cì jiàn! (다음에 볼 때까지 안녕!)
- 一会儿见! Yí huìr jiàn! (곧 또 만나요.)
- 再见! Zàijiàn! (나중에 또 봐요.)
- 祝你有一个愉快的一天。 Zhù nǐ yǒu yí ge yúkuài de yì tiān。
  (좋은 하루되세요.)
- 晚安! Wǎn'ān! (친구나 윗사람에게 똑 같이 씀)(잘 자!/안녕히 주무세요.)
- 明天见! Míngtiān jiàn! / 星期一见! Xīngqīyī jiàn! /
  星期六见! Xīngqīliù jiàn! / 下个星期见! Xià ge xīngqī jiàn!
  (내일 보자!/월요일에 보자!/토요일에 보자!/다음 주에 보자!)

旅途愉快! Lǚtú yúkuài!
(여행 잘 하시기 바랍니다!)

圣诞快乐! Shèngdàn kuàilè!
(즐거운 성탄절을 보내시기 바랍니다!)

注意身体!
Zhùyì shēntǐ!
(재채기하는 사람에게 해주는 말)

认真学习! Rènzhēn xuéxí!
(공부 열심히 해라!)

请慢用! Qǐng màn yòng!
(맛있게 드세요!)

干杯! Gānbēi!(건배)
为了健康(干杯)! Wèile jiànkāng(gānbēi)!
(당신의 건강을 위하여!)

- 祝你好运！ Zhù nǐ hǎoyùn!
  (행운이 함께하길!)
- 祝你成功！ Zhù nǐ chénggōng!
  (성공을 빈다!)
- 祝你过得愉快！ Zhù nǐ guò de yúkuài!
  (즐거운 시간 보내라!)
- 一路顺风！ Yí lù shùnfēng!
  (조심해서 잘 가세요!)
- 周末愉快！ Zhōumò yúkuài!
  (주말 잘 보내세요!)
- 假期愉快！ Jiàqī yúkuài!
  (방학 잘 보내세요.)
- 衷心地祝贺你！ Zhōngxīn de zhùhè nǐ!
  (진심으로 축하해요!)
- 衷心地祝你生日快乐！ Zhōngxīn de zhù nǐ shēngrì kuàilè!
  (진심으로 생일 축하해요!)

- 复活节快乐！ Fùhuójié kuàilè! (부활절 잘 보내세요.)
- 新年快乐！ Xīnnián kuàilè! (좋은 새해를 맞이하시길!)
- 新年快乐！ Xīnnián kuàilè! (새해 복 많이 받으세요!)
- 新年快乐！ Xīnnián kuàilè! (행복한 한 해가 되길 바랍니다.)
- 祝你早日恢复健康！ Zhù nǐ zǎorì huīfù jiànkāng! (건강 회복하세요!)
- 祝你早日痊愈！ Zhù nǐ zǎorì quányù! (빠른 쾌유 바랍니다!)

- 对不起！ Duìbuqǐ! (죄송합니다!/실례합니다!)
- 对不起，打扰了。Duìbuqǐ, dǎrǎo le。(방해해서 죄송합니다.)
- 对不起，我来晚了。Duìbuqǐ, wǒ lái wǎn le。(늦어서 죄송합니다.)
- 抱歉！ Bàoqiàn! (실례합니다./죄송합니다.)
- 不好意思！ Bù hǎo yìsi! (실례합니다./죄송합니다.)
- 不知道给没给您添麻烦？ Bù zhīdào gěimeigěi nín tiān máfan?
  (폐를 많이 끼쳐 드리지 않았는지 모르겠습니다.)

Ⅰ. 다음 우리말을 중국어로 표현해 보세요.

(1) 안녕하세요. 어떻게 지내십니까?

____

(2) 감사합니다. 잘 지내고 있습니다.

____

(3) 안녕히 주무세요.

____

(4) 주말 잘 보내세요.

____

(5) 생일을 축하합니다.

____

(6) 조심해서 가세요.

____

Ⅱ. 알맞은 말로 답해 보세요.

(1) 你过得怎么样? Nǐ guò de zěnmeyàng?

____.

(2) 你过得好吗? Nǐ guò de hǎo ma?

____.

(3) 明天见! Míngtiān jiàn!

____.

(4) 晚安! Wǎn'ān!

____.

(5) 祝你生日快乐! Zhù nǐ shēngrì kuàilè!

____.

소개 (介绍 jièshào)

我想介绍一下王莉。**Wǒ xiǎng jièshào yí xià Wánglì。**
(왕리씨를 소개해 드리고 싶습니다.)

她是一个中国女人。**Tā shì yí ge Zhōngguó nǚrén。**
(중국 여자분이십니다.)

王刚，这位是李强。**Wánggāng, zhè wèi shì Lǐqiáng。**
(왕강, 여기는 리챵이야.)

李强，这位是王刚。**Lǐqiáng, zhè wèi shì Wánggāng。**
(리챵, 여기는 왕강이야.)

先生们女士们，大家好！我来自我介绍一下。
Xiānsheng men nǚshì men, dàjiā hǎo! wǒ lái zìwǒ jièshào yí xià。
(안녕하세요! 신사숙녀 여러분. 제 소개를 하겠습니다.)
我叫姜美娜。Wǒ jiào Jiāngměinà。(제 이름은 강미나입니다.)
我是韩国人。Wǒ shì Hánguó rén。(저는 한국 사람입니다.)

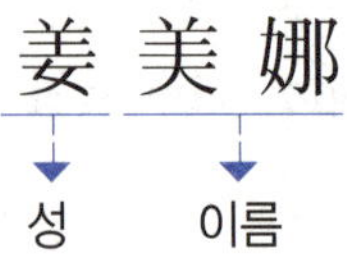

- 我来介绍一下王莉。Wǒ lái jièshào yí xià Wánglì。
  (왕리씨를 소개해 드리겠습니다.)
  - 你好！王莉，见到你很高兴！Nǐ hǎo! Wánglì, jiàndào nǐ hěn gāoxìng!　(안녕하세요! 왕리씨, 만나서 반갑습니다.)
  - 我也很高兴！Wǒ yě hěn gāoxìng! (저야 말로 반갑습니다.)
  - 见到你很高兴！Jiàndào nǐ hěn gāoxìng! (만나서 반갑습니다.)

사람을 소개 받았을 때 할 수 있는 간단한 표현

- 见到你很高兴！Jiàndào nǐ hěn gāoxìng! (만나서 반갑습니다!)
- 认识你很高兴！Rènshi nǐ hěn gāoxìng! (알게돼서 반갑습니다!)

- 她是我爱人。Tā shì wǒ àiren。(이 사람이 내 아내야.)
- 美娜，这是我爱人王刚。Měinà, zhè shì wǒ àiren Wánggāng。
  (미나야, 이 사람이 내 남편 왕강이야.)
- 你认识我的表弟张岩吗？Nǐ rènshi wǒ de biǎodì Zhāngyán ma?
  (너는 내 사촌동생 장염을 알아?)
  - 不认识。你好！张岩。Bú rènshi。Nǐhǎo! Zhāngyán。(아니. 안녕, 장염.)
- 给你介绍一下我妹妹韩娜。Gěi nǐ jièshào yí xià wǒ de mèimei Hánnà。(네게 내 여동생 한나를 소개할게.)
  - 你好！韩娜，认识你很高兴！Nǐhǎo! Hánnà, rènshi nǐ hěn gāoxìng!
    (안녕, 한나, 알게 되어서 반가워.)

- 我来自我介绍一下。Wǒ lái zìwǒ jièshào yí xià。(제 소개를 하겠습니다.)
- 我叫李红。Wǒ jiào Lǐhóng。(제 이름은 이홍 입니다.)
- 我是中国人，是老师。Wǒ shì Zhōngguó rén, shì lǎoshī。
  (저는 중국 사람이고, 교사입니다.)

Ⅰ. 소개하는 대화의 빈칸을 채워보세요.

A : 你＿＿＿＿＿那个男人吗？ Nǐ＿＿＿＿＿nà ge nánren ma?
（너 저 남자 알아?）

B : ＿＿＿＿＿刘伟。 ＿＿＿＿＿ Liúwěi。
（그는 리유워이야.）
我给你介绍一下刘伟，他是一个很不错的男人。
Wǒ gěi nǐ jièshào yí xià Liúwěi, tā shì yí gè hěn búcuò de nánrén。
（네게 리유워이을 소개해 줄게. 쟤는 아주 괜찮아.）

B : 刘伟，＿＿＿＿＿我朋友美娜。
Liúwěi, ＿＿＿＿＿ wǒ péngyǒu Měinà.
（리유워이, 여기는 내 친구 미나야.）

A : ＿＿＿＿＿＿＿很高兴。 ＿＿＿＿＿ hěn gāoxìng
（만나서 반가워.）

C : ＿＿＿＿＿＿＿很高兴。 ＿＿＿＿＿ hěn gāoxìng
（나도 반가워.）

Ⅱ. 다음 우리말을 중국어로 표현해 보세요.

⑴ 이 사람은 내 친구 리유워이다.

＿＿＿＿＿＿＿＿＿＿＿＿＿＿＿＿＿＿＿＿＿＿

⑵ 만나서 반갑습니다.

＿＿＿＿＿＿＿＿＿＿＿＿＿＿＿＿＿＿＿＿＿＿

⑶ 저도 반갑습니다.

＿＿＿＿＿＿＿＿＿＿＿＿＿＿＿＿＿＿＿＿＿＿

⑷ 제 소개를 하겠습니다.

＿＿＿＿＿＿＿＿＿＿＿＿＿＿＿＿＿＿＿＿＿＿

⑸ 저는 한국에서 왔고, 중국어를 공부합니다.

＿＿＿＿＿＿＿＿＿＿＿＿＿＿＿＿＿＿＿＿＿＿

你叫什么名字? Nǐ jiào shénme míngzi? (이름이 어떻게 되세요?)

我叫王刚。 Wǒ jiào Wánggāng。 (제 이름은 왕강입니다.)

王是我的姓。 Wáng shì wǒ de xìng。 (왕이 성입니다.)

可以告诉我您的姓是哪个汉字吗? Kěyǐ gàosu wǒ nín de xìng shì nǎ ge hànzì ma? (성의 철자 좀 말해주시겠어요?)

王, 大王的王。 Wáng, dàwáng de wáng。 (왕, 대왕 왕.)

您的地址呢? Nín de dìzhǐ ne? (당신의 주소는요?)

어떻게 怎么 zěnme	내 이름이 ~이다. 我叫~。 wǒjiào~。
철자를 쓰다 写汉字 xiě hànzì	주소 地址 dìzhǐ
이름 名字 míngzi	나의/당신의 我的/您的 wǒde/nínde
성(姓) 姓 xìng	

- 你叫什么名字? Nǐ jiào shénme míngzi? (너 이름이 뭐야?)
- 我叫王刚, 你呢? Wǒ jiào Wánggāng, Nǐ ne?
  (나는 왕강이라고 불러. 너는?)
- 我叫李强。Wǒ jiào Lǐqiáng。(나는 이강이야.)
- 你住在哪儿? Nǐ zhù zài nǎr? (너는 어디 사니?)
- 我住在市政府附近。Wǒ zhù zài Shìzhèngfǔ fùjìn。
  (나는 시청 근처에 살아.)

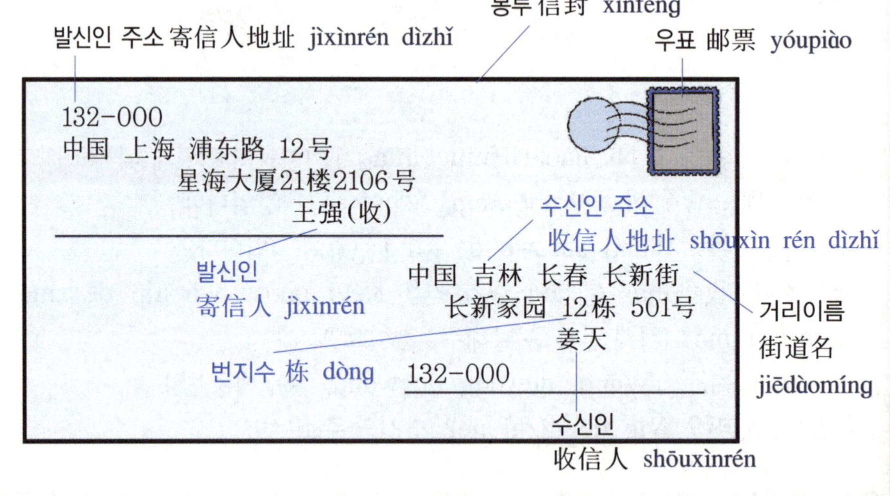

~라고 하다 叫 jiào	나는 (이름이) ~라고 하다. 我叫~。wǒjiào ~。
그/그녀는 (이름이) ~라고 한다 他(她)叫~。tā(tā)jiào ~。	
살다 住 zhù	어디 哪儿 nǎr	가까이 附近 fùjìn

- 叫什么名字? Jiào shénme míngzi? (이름이 뭐예요?)
  - 我叫金东秀。Wǒ jiào Jīndōngxiù。 (제 이름은 김동수예요.)
  - 金是姓吗? Jīn shì xìng ma? (김이 성인가요?)
  - 是，金是我的姓。Shì, Jīn shì wǒ de xìng。 (예, 김이 제 성이예요.)
  - 你的名字怎么写? Nǐ de míngzi zěnme xiě? (당신 이름은 어떻게 써요?)
  - 东秀，东－秀。Dōngxiù, Dōng-Xiù。 (동수, 동－수.)

- 我叫王刚，你叫什么名字?
  Wǒ jiào Wánggāng, nǐ jiào shénme míngzi?
  (제 이름은 왕강이예요. 당신 이름은요?)
  - 我叫李永。Wǒ jiào Lǐyǒng。 (저는 이영이라고 해요.)
- 永是名字吗? Yǒng shì míngzi ma?
  (영이 이름인가요?)
- 是，永是我的名字。Shì, yǒng shì wǒ de míngzi。
  (예, 영이 제 이름이예요.)
- 那个男的叫什么名字? Nà ge nán de jiào shénme míngzi?
  (저 남자 이름이 뭐지?)
  - 他姓王名刚。Tā xìng Wáng míng Gāng。
    (그는 이름이 ‘강’ 이고, 성은 ‘왕’ 이다.)

- 您住在哪儿? Nín zhù zài nǎr? (어디 사세요?)
- 我住在北京。Wǒ zhù zài Běijīng。 (베이징에 살아요.)
- 你住在哪儿? Nǐ zhù zài nǎr? (어디 사니?)
- 住在蚕室。Zhù zài Cánshì。 (잠실에 살아.)

- 住的地方离这儿远吗? Zhù de dìfang lí zhèr yuǎn ma?
  (여기에서 먼 곳에 사십니까?)
  - 不远，就在附近。10分钟的距离。
    Bùyuǎn, jiù zài fùjìn。shí fēn zhōng de jùlí。
    (아니요, 근처에 살아요, 걸어서 10분 거리예요.)

• 我住在上海。你呢?

Wǒ zhù zài Shànghǎi。Nǐ ne?

(저는 상하이에 살아요. 당신은요?)

－ 我住在首尔。现在在济州岛度假。

Wǒ zhù zài shǒu'ěr。Xiànzài zài Jìzhōudǎo dùjià。

(전 한국의 서울에 살아요. 지금은 제주도에서 휴가를 보내고 있어요.)

• 地址是什么?

Dìzhǐ shì shénme?

(주소가 어떻게 되시죠?)

－ 人民大街 23 号。

Rénmín dàjiē èrshísān hào。

(인민거리 23번지요.)

练习

Ⅰ. 대화를 완성해 보세요.

(1) 你叫 ___________ 名字?

Nǐ jiào _______ mingzi?

(당신의 이름은요?)

___________ 李杰。

_______ Lijié。

(제 이름은 이제입니다.)

(2) 你 ___________ 哪儿?

Nǐ _______ nǎr?

(넌 어디서 사니?)

我 ___________ 面包店附近。

Wǒ _______ miànbāodiàn fùjìn。

(난 빵집 가까이 살아.)

(3) ___________ 是什么?

_______ shì shénme?

(네 집 주소는 어떻게 되니?)

___________ 是长新街35号。

_______ shì Chángxīnjiē sānshíwǔ hào。

(장신거리 35호야.)

(4) 你叫 ＿＿＿＿＿ 名字?

Nǐ jiào ＿＿＿＿ míng zi?

(네 이름은 뭐지?)

＿＿＿＿＿ 朴旻昊，朴是我的姓。

＿＿＿＿ Piáowénhào, Piáo shì wǐ de xìng。

(내 이름은 박민호이고, 성은 박이야)

이름과 성

70년대 중국에서 가장 인기 있었던 이름

	姓	名
1.	张	燕
2.	王	保国
3.	李	华
4.	赵	丽
5.	孙	言
6.	刘	东
7.	周	建国
8.	郑	伟
9.	姜	天波
10.	钱	多多

• 王保国

‘王’은 중국에서 4대 성씨 중 하나이다. 70년대 ‘保国’이라는 이름이 유행이었는데 그 원인은 해방 후 조국을 지키자는 국민 의식의 표현이라고 볼 수 있다.

- 王刚是中国人。Wánggāng shì Zhōngguó rén。
  (왕강은 중국 사람입니다.)
- 我是通过笔友认识他的。Wǒ shì tōngguò bǐyǒu rènshi tā de。
  (저는 펜팔로 그를 알게 되었습니다.)
- 他和父母住在美国。Tā hé fùmǔ zhù zài Měiguó。
  (그는 부모님과 미국에서 살고 있습니다.)
- 她说汉语和英语。Tā shuō Hànyǔ hé Yīngyǔ。
  (그녀는 중국어와 영어를 말합니다.)
- 这是李永、他是中国人。Zhè shì Lǐyǒng, Tā shì Zhōngguó rén。
  (이 사람은 이영이라고 합니다. 그는 중국 사람입니다.)

• 他住在北京。Tā zhù zài Běijīng。
(그는 북경에 살고 있습니다.)
• 他说汉语。Tā shuō Hànyǔ。
(그는 중국어를 말합니다.)

• 姜美娜是韩国人。Jiāngměinà shì Hánguó rén。
(강미나는 한국사람입니다.)
• 她住在首尔。Tā zhù zài Shǒu'ěr。
(그녀는 서울에 삽니다.)
• 她说韩语。Tā shuō Hányǔ。
(그녀는 한국어를 말합니다.)

• 彼得夫妇是瑞士人。Bǐdé fūfù shì Ruìshì rén。
(피터 부부는 스위스 사람입니다.)
• 他们现在住在北京。Tāmen xiànzài zhù zài Běijīng。
(그들은 지금 북경에 삽니다.)
• 他们说英语和汉语。Tāmēn shuō Yīngyǔ hé Hànyǔ。
(그들은 영어와 중국어를 말합니다.)

• 有娜是韩国人。Yǒunà shì Hánguó rén。
(유나는 한국 사람입니다.)
• 她住在韩国。Tā zhù zài Hánguó。
(그녀는 대한민국에 살고 있습니다.)
• 他说韩语和汉语。Tā shuō Hányǔ hé Hànyǔ。
(그녀는 한국어와 중국어를 합니다.)

펜팔 笔友 bǐyǒu	말하다 说 shuō
중국어 汉语 Hànyǔ	영어 英语 Yīngyǔ
한국어 韩语 Hányǔ	부모 父母 fùmǔ
알다 认识 rènshi	미국 美国 Měiguó

국가(国家 guójiā)	국적(国籍 guójí)	언어(语言 yǔyán)
阿拉伯 Ālābó	阿拉伯人	阿拉伯语
阿根廷 아르헨티나 Āgēntíng	阿根廷人	西班牙语
澳大利亚 호주 Àodàlìyà	澳大利亚人	英语
巴西 브라질 Bāxī	巴西人	葡萄牙语
智利 칠레 Zhìlì	智利人	西班牙语
中国 중국 Zhōngguó	中国人	汉语
德国 독일 Déguó	德国人	德语
英国 영국 Yīngguó	英国人	英语
法国 프랑스 Fǎguó	法国人	法语
希腊 그리스 Xīlà	希腊人	希腊语
英国 대영제국 Yīngguó	英国人	英语
荷兰 네덜란드 Hélán	荷兰人	荷兰语
印度 인도 Yìndù	印度人	印地语, 英语
爱尔兰 아일랜드 Àiěrlán	爱尔兰人	盖尔语, 英语
以色列 이스라엘 Yǐsèliè	以色列人	希伯来语, 阿拉伯语
意大利 이탈리아 Yìdàlì	意大利人	意大利语
日本 일본 Rìběn	日本人	日语
加拿大 캐나다 Jiānádà	加拿大人	英语
哥伦比亚 콜롬비아 Gēlúnbǐyà	哥伦比亚人	西班牙语
摩洛哥 모로코 Móluògē	摩洛哥人	阿拉伯语
墨西哥 멕시코 Mòxīgē	墨西哥人	西班牙语
奥地利 오스트리아 Àodìlì	奥地利人	德语
秘鲁 페루 Mìlǔ	秘鲁人	西班牙语
芬兰 폴란드 Fēnlán	芬兰籍人	芬兰语, 瑞典语
葡萄牙 포르투갈 Pútaoyá	葡萄牙人	葡萄牙语
俄罗斯 러시아 Éluósī	俄罗斯人	俄语
瑞典 스웨덴 Ruìdiǎn	瑞典人	瑞典语
瑞士 스위스 Ruìshì	瑞士人	德语、法语、意大利语、罗曼语
西班牙 스페인 Xībānyá	西班牙人	西班牙语
捷克 체코 Jiékè	捷克人	捷克语
土耳其 터키 Tǔ'ěrqí	土耳其人	土耳其语
美国 미국 Měiguó	美国人	英语

- 他在中国。Tā zài Zhōngguó.
  (그는 중국에 있다.)
- 我住在韩国/日本。Wǒ zhù zài Hánguó/Rìběn.
  (나는 한국에/일본에 산다.)
- 你住在伊朗/伊拉克。Nǐ zhù zài Yīlǎng/Yīlākè.
  (너는 이란에/이라크에 산다.)
- 她住在美国/荷兰。Tā zhù zài Měiguó/Hélán。
  (그녀는 미국에/네덜란드에 산다.)
- 他们住在土耳其/瑞士。Tāmen zhù zài Tǔ'ěrqí/Ruìshì。
  (그들은 터키에/스위스에 산다.)
- 她去奥地利。Tā qù Àodìlì。
  (그녀는 오스트리아로 간다.)
- 我们去瑞士/土耳其。Wǒmen qù Ruìshì/Tǔ'ěrqí。
  (우리는 스위스로/터키로 간다.)
- 你们去伊拉克/伊朗。Wǒmen qù Yīlākè/Yīlǎng。
  (너희들은 이라크/이란으로 간다.)
- 我住在菲律宾。Wǒ zhù zài Fēilǜbīn。
  (나는 필리핀에 산다.)
- 我坐飞机去菲律宾。Wǒ zuò fēijī qù Fēilǜbīn。
  (나는 비행기로 필리핀으로 간다.)
- 她是从菲律宾来的。Tā shì cóng Fēilǜbīn lái de。
  (그녀는 필리핀에서 왔다.)

대륙(大陆 dàlù)

- 世界　　　shìjiè　　　　　세계
- 北美洲　　Běiměizhōu　　북아메리카
- 中美洲　　Zhōngměizhōu　중앙아메리카
- 南美洲　　Nánměizhōu　　남아메리카
- 欧洲　　　Ōuzhōu　　　　유럽
- 非洲　　　Fēizhōu　　　　아프리카
- 亚洲　　　Yàzhōu　　　　　아시아
- 澳大利亚　Àodàlìyà　　　　오스트레일리아

- 你是从哪儿来的? Nǐ shì cóng nǎr lái de?
  (어디 출신이십니까?)
  - 我是从韩国来的。Wǒ shì cóng Hánguó lái de。
    (한국에서 왔습니다.)
- 你的国籍是什么? Nǐ de guójí shì shénme?
  (국적은 어디십니까?)
  - 我是韩国国籍。Wǒ shì Hánguó guójí。
    (한국 국적을 가지고 있습니다.)
  - 我是韩国人。Wǒ shì Háguó rén。
    (한국 사람입니다.)

- 他是中国人。Tā shì Zhōngguó rén。
  (그는 중국 사람입니다.)
- 他是瑞士人。Tā shì Ruìshì rén。
  (그는 스위스 사람입니다.)
- 她是奥地利人。Tā shì Àodìlì rén。
  (그녀는 오스트리아 사람들입니다.)

(李刚是中国男人，智慧是韩国女人。他们住在韩国。李刚把王强介绍给智慧。Lǐgāng shì Zhōngguó nánrén, Zhìhuì shì Hánguó nǚrén。Tāmen zhù zài Hánguó。Lǐgāng bǎ Wángqiáng jièshào gěi Zhìhuì。이강은 중국 남자이고, 지혜는 한국 여자이다. 그들은 한국에 산다. 이강이 지혜에게 왕강을 소개한다.)

李刚： 智慧，这位是王强，中国人。
Lǐgāng： Zhìhuì, zhè wèi shì Wángqiáng, Zhōngguó rén。
　　　 (지혜야, 이쪽은 왕강이야. 중국사람이지.)

智慧： 你好！见到你很高兴。我是韩国人。
Zhìhuì： Nǐhǎo! Jiàn dào nǐ hěn gāoxìng。Wǒ shì Hánguó rén。
　　　 (안녕, 반가워. 난 한국사람이야.)

王强： 你好！我英语不好，韩语也不好。
Wángqiáng： Nǐhǎo! Wǒ Yīngyǔ bù hǎo, Hányǔ yě bù hǎo。
　　　 (반가워, 난 영어도 잘 못하고 한국어도 잘 못해)

智慧： 哦，没关系，我连一句汉语也不会。
Zhìhuì： Ō, méiguānxi。Wǒ lián yí jù Hànyǔ yě bú huì。
　　　 (오. 괜찮아. 난중국어를 전혀 못하는데.)
　　　 你想学韩语的话我帮你。
　　　 Nǐ xiǎng xué Hányǔ de huà wǒ bāng nǐ。
　　　 (네가 한국어를 공부하고 싶다면, 내가 도와줄게.)

■ ~也不是~也不是 : ~도 아니고 ~도 아니다

• 是中国人吗？Shì Zhōngguó rén ma? (중국 사람이세요?)
 – 不是，我是韩国籍美国人。Búshì, Wǒ shì Hánguó jí Měiguó rén。
　 (아니요. 전 한국계 미국인입니다.)
• 我是德国人。Wǒ shì Déguó rén。(전 독일 사람입니다.)
 – 汉语说得很好。Hànyǔ shuō de hěn hǎo。(중국어를 아주 잘하시는 군요.)
 – 我是汉语老师。Wǒ shì Hànyǔ lǎoshī。(저는 중국어 선생입니다.)
• 啊，是吗。Ā, shì ma? (아 그렇군요.)

Ⅰ. 중국에 사는 한국인 강미나가 비자를 신청하는 상황입니다. 대화를 완성시켜 봅시다.

李建国 Lǐjiànguó: (1) ________________________________.

       (이름이 어떻게 되세요?)

姜美娜 Jiāngměinà: 我叫姜美娜。Wǒ jiào Jiāngměinà。

       (제 이름은 강미나입니다.)

李建国 Lǐjiànguó: 你是哪国人？Nǐ shì nǎguó rén?

       (당신의 국적은 어떻게 되세요?)

姜美娜 Jiāngměinà: (2) ________________________________.

       (저는 한국국적입니다.)

李建国 Lǐjiànguó: 你做什么工作？Nǐ zuò shénme gōngzuò?

       (어떤 일에 종사하세요?)

姜美娜 Jiāngměinà: 我是学生。Wǒ shì xuésheng。

       (전 학생입니다.)

李建国 Lǐjiànguó: (3) ________________________________.

       (어디 사세요?)

姜美娜 Jiāngměinà: 我住在上海路17号。

       Wǒ zhù zài Shànghǎilù shíqī hào。

       (전 상해로 17호에 삽니다.)

Ⅱ. 다음 우리말을 중국어로 표현해 보세요.

(1) 저는 한국 사람입니다.

____

(2) 저는 한국에서 삽니다.

____

(3) 저는 중국어를 말합니다.

____

(4) 그녀는 한국계 미국인입니다.

____

(5) 그녀는 중국어 선생입니다.

____

05 직업 (职业 zhíyè)

의사 (医生 yīshēng)

신경외과의사 神经外科医生 shénjīng wàikē yīshēng

피부과의사 皮肤科医生 pífūkē yīshēng

수의사 兽医 shòuyī

가사도우미 保姆 bǎomǔ	가수 歌手 gēshǒu
건축가 建筑师 jiànzhùshī	건축인부 建筑工人 jiànzhùgōngrén
검사 检察官 jiǎncháguān	경비원/관리원 保安/管理员 bǎo'ān/guǎnlǐyuán
경찰관 警察 jǐngchá	공무원 公务员 gōngwùyuán
공증인 公证人 gōngzhèngrén	과일장수 卖水果的 màishuǐguǒde
과학자 科学家 kēxuéjiā	교사 教师 jiàoshī
교수 教授 jiàoshòu	구두장인 皮鞋匠 píxiéjiàng
군인 军人 jūnrén	기술자 技术员 jìshùyuán
꽃장수 卖花的 màihuāde	노동자 工人 gōngrén
농부 农夫 nóngfū	대통령/의장 总统/主席 zǒngtǒng/zhǔxí
대학생 大学生 dàxuéshēng	디자이너 设计师 shèjìshī
목수 木匠 mùjiang	무용가 舞蹈家 wǔdǎojiā
만화가 漫画家 mànhuàjiā	모델 模特 mótè
목사 牧师 mùshī	바텐더 酒吧服务员 jiǔbāfúwùyuán
배관공 管道修理工 guǎndào xiūlǐgōng	
배우(남) 男演员 nányǎnyuán	배우(여) 女演员 nǚyǎnyuán
버스기사 公共汽车司机 gōnggòngqìchē sījī	
번역사 翻译家 fānyìjiā	변호사 律师 lùshī
보석세공인 锡匠 xījiàng	
부동산 중계인 房地产中介人 fángdìchǎn zhōngjièrén	
비서 秘书 mìshu	빵집 주인 面包店老板 miànbāodiàn lǎobǎn
사서 图书管理员 túshū guǎnlǐyuán	사진사 摄影师 shèyǐngshī
사장 老板 lǎobǎn	상인 商人 shāngrén
생선장수 卖鱼的 màiyúde	선원 船员 chuányuán
소방관 消防员 xiāofángyuán	승무원 乘务员 chéngwùyuán
신부 神父 shénfù	심판 审判员 shěnpànyuán
안경사 眼镜师 yǎnjìngshī	약사 药师 yàoshī
어부 渔夫 fúfū	언론인 公众人物 gōngzhòng rénwù
엔지니어 工程师 gōngchéngshī	여자 재봉사 女裁缝 nǚcáifeng
여행가이드 导游 dǎoyóu	여행사 직원 旅行社职员 lǚxíngshè zhíyuán
예술가 艺术家 yìshùjiā	요리사 厨师 chúshī

가우체부 邮递员 yóudìyuán	운동선수 运动员 yùndòngyuán
원예가 园艺家 yuányìjiā	원예사 园艺师 yuányìshī
웨이터 男服务员 nánfúwùyuán	유치원보모 幼儿园保姆 yòu'éryuán bǎomǔ
은행원 银行职员 yínháng zhíyuán	음악가 音乐家 yīnyuèjiā
이발사 理发师 lǐfàshī	자동차 정비공 汽车修理工 qìchē xiūlǐgōng
작가 作家 zuòjiā	장관 长官 zhǎngguān
재단사 裁缝师 cáiduànshī	전기기사 电工 diàngōng
점원 店员 diànyuán	접수원 接待员 jiēdàiyuán
정보처리기사 情报处理员 qíngbào chǔlǐyuán	
정비사 技师 jìshī	정원사 园丁 yuándīng
정육점 주인 肉店老板 ròudiàn lǎobǎn	
조각가 雕刻家 diāokèjiā	종업원 服务员 fúwùyuán
직원 职员 zhíyuán	초등학교 교사 小学老师 xiǎoxué lǎoshī
초등학생 小学生 xiǎoxuéshēng	탐정 侦探 zhēntàn
택시기사 出租车司机 chūzūchē sījī	통역사 翻译家 fānyìjiā
파일럿 飞行员 fēixíngyuán	편집자 编辑 biānjí
포도주감별사 葡萄酒鉴别师 pútaojiǔ jiànbiéshī	
피부관리사 皮肤护理师 pífū hùlǐshī	
피아니스트 钢琴家 gāngqínjiā	학생 学生 xuénsheng
화가 画家 huàjiā	화물차기사 货车司机 huòchē sījī
환경미화원 清洁工 qīngjiégōng	회사원 公司职员 gōngsī zhíyuán
회계사 会计师 kuàijìshī	

- 你做什么工作? Nǐ zuò shénme gōngzuò? (직업이 무엇입니까?)
  - 我是老师。Wǒ shì lǎoshī。 (저는 교사입니다.)

- 你在哪儿工作? Nǐ zài nǎr gōngzuò? (어디서 일하십니까?)
  - 我在三星公司工作。Wǒ zài Sānxīng gōngsī gōngzuò。
    (저는 삼성회사에서 일합니다.)

Ⅰ. 다음 인물들의 직업은 무엇일까요?

(1) 你做 _________ 工作? Nǐ zuò _________ gōngzuò?
 ① 什么 shénme　　　　　 ② 哪儿 nǎr

(2) 我 _________ 老师。 Wǒ _________ lǎoshī
 ① 在 zài　　　　　　　 ② 是 shì

(3) 你 _________ 工作? Nǐ _________ gōngzuò?
 ① 在哪儿 zài nǎr　　　　② 什么 shénme

Ⅱ. 다음 질문을 대답하세요!

(1) 你在哪儿工作? Nǐ zài nǎr gōngzuò?
　____

(2) 你爸爸做什么工作? Nǐ bàba zuò shénme gōngzuò?
　____

(3) 你妈妈做什么工作? Nǐ māma zuò shénme gōngzuò?
　____

(4) 你是老师吗? Nǐ shì lǎoshī ma?
　____

(5) 你是大学生吗? Nǐ shì dàxuéshēng ma?
　____

06 신체와 건강 （身体与健康 shēntǐ yǔ jiànkāng）

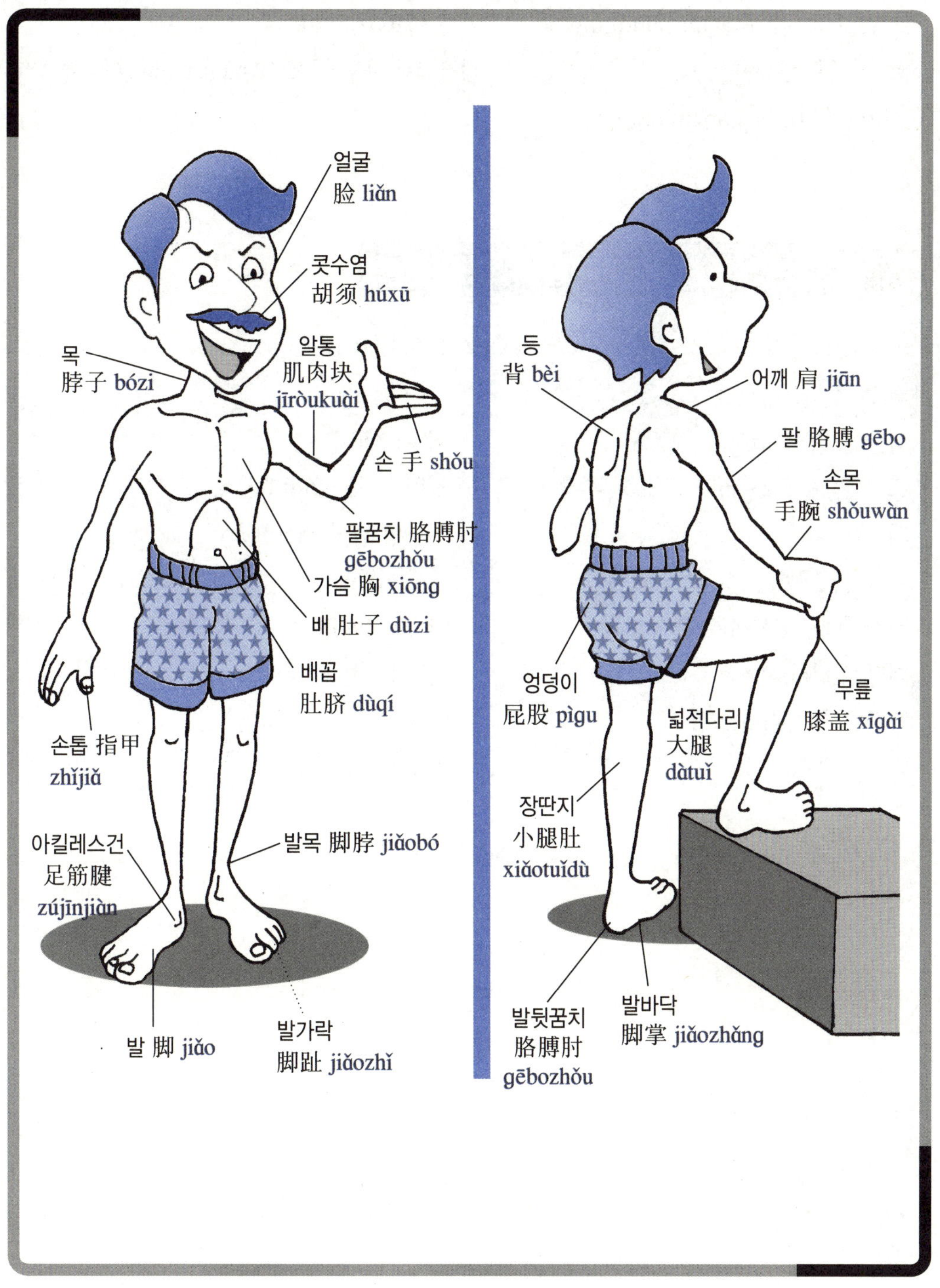

 신체 묘사 身体描写 shēntǐ miáoxiě

키 큰 高的 gāode	키 작은 矮的 ǎide
살찐 胖的 pàngde	날씬한 苗条的 miáotiáode
포동포동한 胖乎乎的 pànghūhūde	마른 瘦的 shòude
비만한 胖的 pàngde	해골처럼 마른 骨瘦如柴 gǔshòurúchái
건장한 健壮的 jiànzhuàngde	

 체내기관 身体器官 shēntǐ qìguān

피부 皮肤 pífu	근육 肌肉 jīròu
뼈 骨头 gǔtou	힘줄 筋 jīn
심장 心脏 xīnzàng	피 血 xiě
동맥 动脉 dòngmài	정맥 经脉 jīngmài
뇌 脑 nǎo	목구멍 喉咙 hóulóng
기관지 支气管 zhīqìguǎn	간 肝 gān
소장 小肠 xiǎocháng	장 肠 cháng
대장 大肠 dàcháng	맹장 阑尾 lánwěi
방광 膀胱 pángguāng	신경 神经 shénjīng
위 胃 wèi	척추 脊椎 jǐzhuī

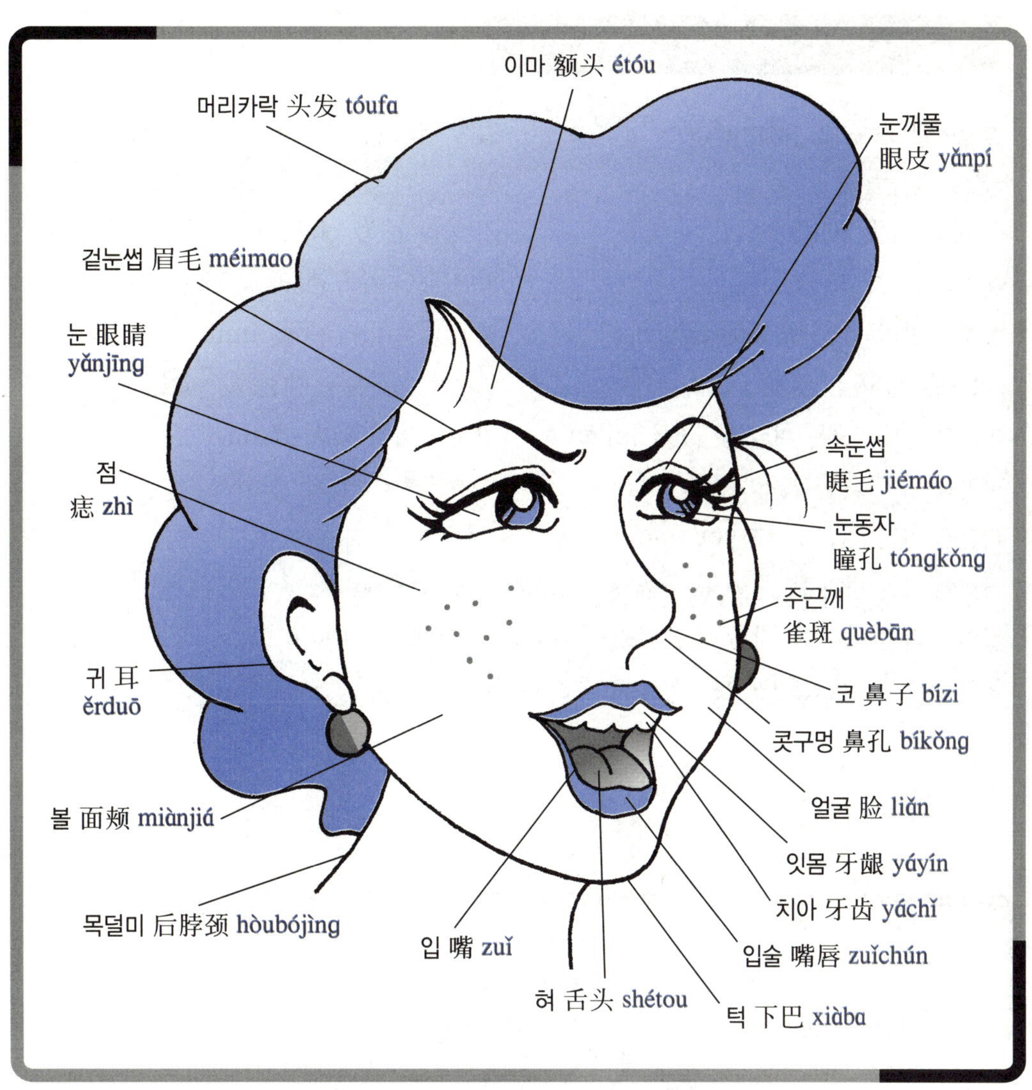

얼굴 묘사〈外貌的描写 wàimào de miáoxiě〉

뾰족한 코 高鼻梁 gāobíliáng	들창코 翘鼻子 qiàobízi
주먹코 蒜头鼻子 suàntóu bízi	메부리코 鹰钩鼻 yīnggōubí
움푹 들어간 눈 欧式眼 ōushìyǎn	
가늘게 찢어진 눈 又细又小的眼睛 yòu xì yòu xiǎo de yǎnjīng	
숱이 많은 눈썹 浓眉 nóngméi	부은 얼굴 肿脸 zhǒngliǎn
통통한 얼굴 圆脸 yuánliǎn	슬픈 얼굴 哭面 kūmiàn
밝은 얼굴 笑面 xiàomiàn	

곱슬머리 卷毛儿 juǎnmáor	갈색 머리 棕色头发 zōngsè tóufa
금발 머리 金发 jīnfà	빨간 머리 红头发 hóngtoufa
흰 머리 白发 báifà	긴 머리 长发 chángfà
대머리 秃头 tūtóu	땋아 늘인 머리 辫子头 biànzitóu
뻣뻣한 머리 马尾辫 mǎwěibiàn	숱이 많은 머리 密发 mìfà
스트레이트 머리 卷发 juǎnfà	앞으로 드리운 머리 散发 sànfà
어깨까지 내려오는 머리 披肩发 pījiānfà	염색한 머리 染发 rǎnfà
파마한 머리 烫发 tàngfà	푸석한 머리 干发 gānfà
기름진 머리 油性发质 yóuxìng fàzhì	
광택이 나는 머리 有光泽的头发 yǒu guāngzé de tóufa	
끝이 갈라진 머리 发梢分叉的头发 fàshāo fēnchà de tóufa	
묶은 머리 扎起来的头发 zhāqǐlái de tóufa	

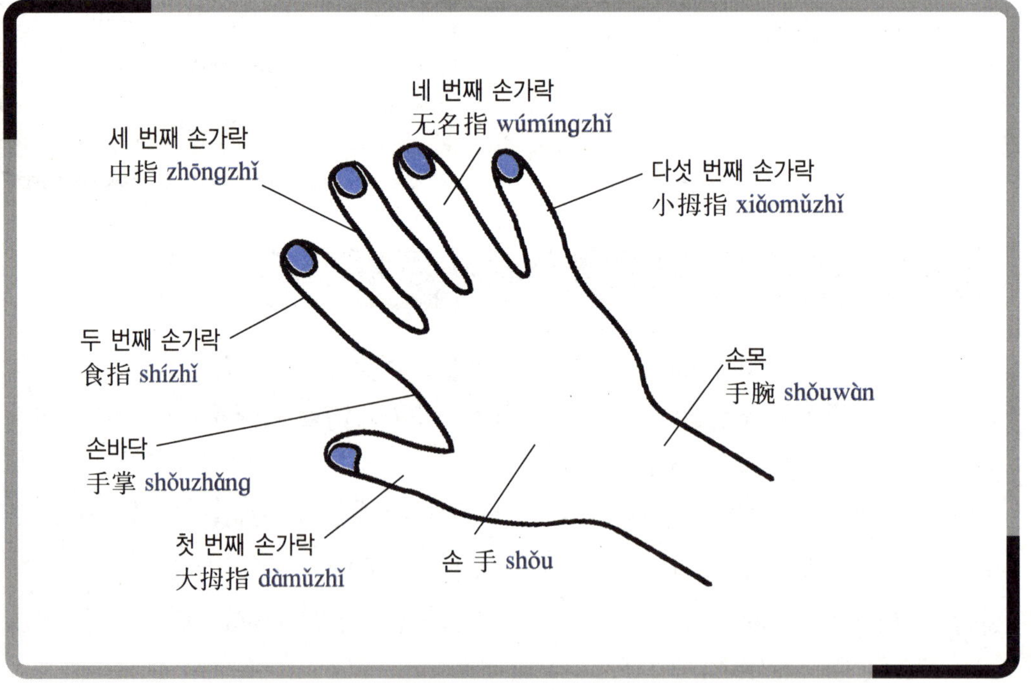

진료 표현 (诊疗 zhěnliáo)

간호 护理 hùlǐ	피검사 验血 yànxiě
변검사 验便 yànbiàn	소변검사 验尿 yànniào
구급 急救 jíjiù	구급차 救护车 jiùhùchē
마취 麻醉 mázuì	인공호흡 人工呼吸 réngōnghūxī
혈압 血压 xuèyā	X선 사진 X光 Xguāng
혈액형 血型 xuèxíng	

아픈 곳을 묻고 답하기 (问诊 wènzhěn)

- 哪儿疼?/你怎么了? Nǎr téng?/Nǐ zěnme le?

  〈의사가 하는 말〉 (어디가 아프세요?/어떻게 오셨어요?)

- 你感觉哪儿不舒服? Nǐ gǎnjué nǎr bù shūfu? (어디에 통증을 느끼세요?)

- 哪儿不舒服? Nǎr bù shūfu? (어떻게 불편하십니까?)

  - 我肚子/腰/头/肩膀疼。 Wǒ dùzi/yāo/tóu/jiānbǎng téng。

    (나는 배가/허리가/머리가/어깨가 아파요.)

  - 智慧有头疼的病. Zhìhuì yǒu tóuténg de bìng。

    (지혜는 두통이 있다.)

  - 我发烧, 咳嗽。 Wǒ fāshāo, késou。

    (난 열이 나고 기침을 한다.)

  - 我手腕崴了。 Wǒ shǒuwàn wǎi le。

    (난 팔목을 삤다.)

  - 王刚崴脚了。 Wánggāng wǎi jiǎo le。

    (왕강은 발목을 삤다.)

  - 她胳膊折了。 Tā gēbo shé le。

    (그녀는 팔이 부러뜨렸다.)

  - 我手指割伤了。 Wǒ shǒuzhǐ gēshāng le。

    (나는 손가락을 베었다.)

  - 我出血了。 Wǒ chūxiě le。

    (나는 피를 흘린다.)

  - 我消化不良。 Wǒ xiāohuà bù liáng。

    (나는 소화불량이다.)

- 头 tóu(머리)
  - 头要爆炸了。Tóu yào bàozhà le。(머리가 터질 것 같아.)
  - 他是个有头脑的人。Tā shì ge yǒu tóunǎo de rén。
    (그는 영리한 사람이다.)
  - 你的头脑得清醒清醒了。Nǐ de tóunǎo děi qīngxǐng qīngxǐng le。
    (너는 냉철한 머리를 가져야 한다.)

- 眼 yǎn(눈)
  - 辣眼睛。Là yǎnjing。(눈이 따갑다.)
  - 他是她的眼中钉。Tā shì tā de yǎnzhōngdīng。
    (그는 그녀의 눈에 가시이다.)
  - 他一眼就相中了她。Tā yì yǎn jiù xiāngzhòng le tā。
    (그는 그녀에게 한 눈에 반했다.)

- 血 xuè(피)
  - 他气血方刚。Tā qìxuèfānggāng。(그는 다혈질이다.)

- 鼻 bí(코)
  - 流鼻涕。Liú bíti。(콧물이 난다.)
  - 鼻塞。Bísāi。(코가 막혔다.)
  - 鼻梁高。Bíliáng gāo。(그는 콧대가 높다.)

- 腿 tuǐ(다리)
  - 看到强盗，他吓得拔腿就跑了。
    Kàndào qiángdào, tā xià de bátuǐ jiù pǎo le。
    (그 강도를 보자, 그는 걸음아 날 살려라 하고 줄행랑을 쳤다.)

- 嘴 zuǐ(입)
  - 这个孩子嘴笨。Zhè ge háizi zuǐ bèn。
    (이 아이는 말이 서투르다.)
  - 他嘴很甜。Tā zuǐ hěn tián。
    (그는 말을 잘한다.)
  - 我插一嘴。Wǒ chā yì zuǐ。
    (나도 한마디 하자.)

- 听力 tīnglì (청력)
  - 爷爷的听力有问题。 Yéye de tīnglì yǒu wèntí。
    (할아버지의 청력은 문제가 있다.)
  - 奶奶的听力不好。 Nǎinai de tīnglì bùhǎo。
    (할머니는 청력이 좋지 않다.)

- 视力 shìlì (시력)
  - 爷爷的听力好, 视力也好。 Yéye de tīnglì yě hǎo, shìlì yě hǎo。
    (할아버지의 청력과 시력은 모두 좋다.)
  - 他的视力还很好。 Tā de shìlì hái hěn hǎo。
    (그의 시력은 아직 아주 좋다.)

- 嗅觉 xiùjué (후각)
  - 狗的嗅觉很灵敏。 Gǒu de xiùjué hěn língmǐn。
    (개들은 냄새를 매우 잘 맡는다.)
  - 她的嗅觉很发达。 Tā de xiùjué hěn fādá。
    (그녀는 후각이 잘 발달되어 있다.)

- 味觉 wèijué (미각)
  - 妈妈味觉很灵敏, 什么味儿都能尝出来。
    Māma wèijué hěn língmǐn, shénme wèir dōu néng chángchūlái。
    (어머니는 혀가 아주 예민하시다. 모든 맛을 잘 알아내신다.)

> **식당에서 종업원이 손님에게 식후에 하는 말**
>
> - 好吃吗? Hǎochī ma? (맛있었습니까?)
> - 好吃, 谢谢! Hǎochī, xièxie! (네, 감사합니다.)

- 触觉 chùjué (촉각)
  - 我的手指冻得没有知觉了。
    Wǒ de shǒuzhǐ dòng de méiyǒu zhījué le。
    (나는 추워서 손가락의 감각이 무뎌졌다.)
  - 动物的触觉灵敏。 Dòngwù de chùjué hěn língmǐn。
    (동물의 촉각은 아주 예민하다.)

- 那个孩子是个一级残废，没有视觉也没有触觉。

  Nà ge háizi shì ge yījí cánfèi, méiyǒu shìjué yě méiyǒu chùjué。

  (그 아이는 중증 장애를 가지고 있다. 보지도 못하고 아무것도 느끼지 못한다.)

• 感觉 gǎnjué(감각)

  - 我感觉比较迟钝。Wǒ gǎnjué bǐjiào chídùn。

    (나는 감각이 무디다.)

  - 我的美感很强。Wǒ de měigǎn hěn qiáng。

    (그는 미적(美的) 감각이 뛰어나다.)

  - 这个孩子没有色感。Zhè ge háizi méiyǒu sègǎn。

    (이 아이는 색체에 대한 감각이 없다.)

 **맛〈味 wèi〉**

단 甜的 tiánde	짠 咸的 xiánde
신 酸的 suānde	쓴 苦的 kǔde
매운 辣的 làde	맛없는, 무미한 不好吃的 bùhǎochīde

 **병〈病 bìng〉**

간질 癫闲 diānxián	감기 感冒 gǎnmào
코감기 流鼻涕 liúbíti	경련 痉挛 jīngruán
골절 骨折 gǔzhé	뇌졸중 脑中风 nǎozhòngfēng
당뇨 糖尿病 tángniàobìng	독감 流感 liúgǎn
발열 发烧 fāshāo	발진 斑疹 bānzhěn
베인 상처 刀伤 dāoshāng	상처 伤口 shāngkǒu
수두 水痘 shuǐdòu	습진 湿疹 shīzhěn
암 癌症 áizhèng	알레르기 过敏 guòmǐn
에이즈 艾滋病 àizībìng	염좌 扭伤 niǔshāng
염증 炎症 yánzhèng	오한 寒气 hánqì
이하선염 腮腺炎 sāixiànyán	천식 哮喘 xiàochuǎn
충치 智齿 zhìchǐ	치석 齿垢 chǐgòu

편두통 偏头痛 piāntóutòng	편도선염 扁导体炎 biǎndǎotǐyán
맹장염 阑尾炎 lánwěiyán	화상 烧伤 shāoshāng
동상 冻疮 dòngchuāng	홍역 麻疹 mázhěn
폐렴 肺炎 fèiyán	결막염 结膜炎 jiémóyán

 ## 약 (药 yào) (1)

처방전 处方 chùfāng	비타민 维他命 wéitāmìng
철분 铁 tiě	칼슘 钙 gài
인슈린 胰岛素 yídǎosù	백신 疫苗 yìmiáo
기침약 咳嗽药 késouyào	멀미약 晕车药 yūnchēyào
진정제 镇定剂 zhèndìngjì	진통제 镇痛剂 zhèntòngjì
항생제 抗生素 kàngshēngsù	소염제 消炎药 xiāoyányào
수면제 安眠药 ānmiányào	아스피린 阿斯比林 āsībǐlín
젤 胶 jiāo	주사 打针 dǎzhēn
시럽 糖浆 tángjiāng	알약 丸药 wányào
약용 크림 药膏 yàogāo	연고 药膏 yàogāo
좌약 栓剂 shuānjì	캡슐 胶囊 jiāonáng

抬胳膊。 **Tái gēbo。**
(팔을 든다.)

叉腿站着。 **Chà tuǐ zhàn zhe。**
(다리를 벌리고 서있다.)

向前弯腰。 **Xiàng qián wān yāo。**
(허리 앞으로 구부린다.)

抬一只腿。 **Tái yì zhī tuǐ。**
(한쪽 다리를 들어 올린다.)

伸展胳膊。 **Shēnzhǎn gēbo。**
(팔을 옆으로 펼친다.)

抬起双腿。 **Tái qǐ shuān gtuǐ。**
(다리를 모아 든다.)

转头。 **Zhuǎn tóu**。
(머리를 한 바퀴 돌린다.)

低头。 **Dī tóu**。
(머리를 숙인다.)

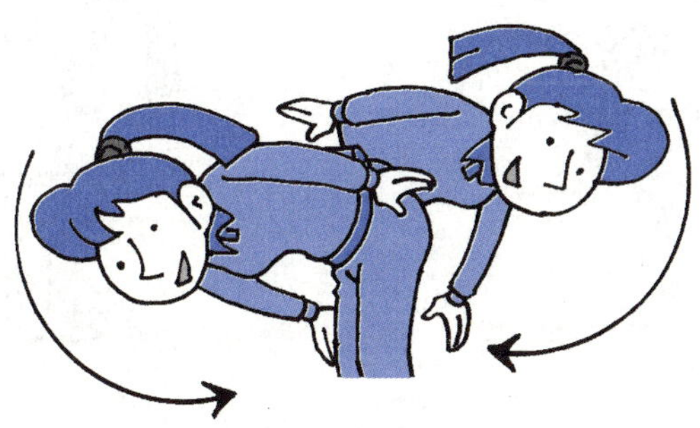

身体先向左倾再向右倾。
Shēntǐ xiān xiàng zuǒ qīng zài xiàng yòu qīng。
(상체를 오른쪽과 왼쪽으로 숙인다.)

躺 **Tǎng**。 (눕는다.)

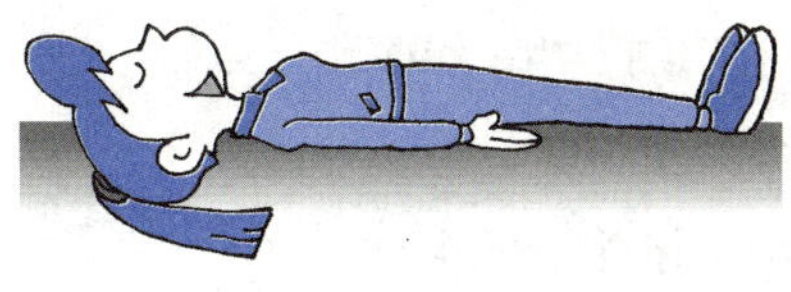

躺着。 **Tǎng zhe**。 (누워있다.)

站起来。Zhàn qǐlái。(일어선다.)

站着。Zhàn zhe。(서 있다.)

坐。Zuò。(앉는다.)

坐着。Zuò zhe。(앉아 있다.)

약〔药 yào〕〔Ⅱ〕

소독약 消毒药 xiāodúyào	일회용 밴드 一次性 创可贴 yí cì xìng chuàngkětiē
반창고 创可贴 chuàngkětiē	붕대 绷带 bēngdài
부목 夹板 jiábǎn	깁스 石膏 shígāo
목발 拐杖 guǎizhàng	거즈 纱布 shābù
탄력붕대 弹力绷带 tánlìbēngdài	선크림 防晒霜 fángshàishuāng
방충제 杀虫剂 shāchóngjì	탈취제 除臭剂 chúchòujì
생리대 卫生巾 wèishēngjīn	탐폰 棉球 miánqiú
콘돔 避孕套 bìyùntào	피임약 避孕药 bìyùnyào

Ⅰ. 다음 대화를 완성하시오.

(1) 在医院 Zài yīyuàn

A: 你 ＿＿＿＿＿＿？ Nǐ ＿＿＿＿？

(어디 아프세요?)

B: 我 ＿＿＿＿＿ 和 ＿＿＿＿＿ 疼。

Wǒ ＿＿＿＿ hé ＿＿＿＿ téng。

(목과 머리가 아파요.)

A: 把 ＿＿＿＿＿ 伸出来。Bǎ ＿＿＿＿ shēnchūlái。

(혀 좀 내밀어 보세요.)

有点儿 ＿＿＿＿＿＿。Yǒudiǎnr ＿＿＿＿。

(열이 있군요.)

B: 我也 ＿＿＿＿＿＿。Wǒ yě ＿＿＿＿。

(전 기침도 합니다.)

我现在怀孕呢。Wǒ xiànzài huái yùn ne。

(지금 전 임신 중입니다.)

(2) 在药店

A : 你好! 我得了 ＿＿＿＿＿＿＿＿＿。

Nǐhǎo, wǒ dé le ＿＿＿＿。

(안녕하세요. 전 감기에 걸렸습니다.)

这是 ＿＿＿＿＿＿。Zhè shì ＿＿＿＿。

(여기 처방전이 있습니다.)

B : 胶囊一天三次, 饭后服用。

Jiāonáng yì tiān sān cì, fànhòu fúyòng。

(이 알약을 하루에 3번 식후에 드세요.)

发烧的时候, 请喝 ＿＿＿＿＿＿。

Fāshāo de shíhòu, qǐng hē ＿＿＿＿。

(그리고 열이 있을 때는 이 시럽을 드세요.)

A : 知道了, 请再给我点儿维他命。

Zhīdào le, qǐng zài gěi wǒ diǎnr wéitāmìng。

(네. 그리고 제게 비타민도 주세요.)

날씨 (天气 tiānqì)

春天很暖和。 **Chūntiān hěn nuǎnhuo**。 (봄에는 따뜻하다.)
春光明媚，草木吐绿。
Chūnguāngmíngmèi, cǎomùtǔlǜ。
(나무는 봄에 꽃을 피운다.)

夏天很热。 **Xiàtiān hěn rè**。
(여름에는 덥다.)
人们去海边度假。
Rénmen qù hǎibiān dùjià。
(사람들은 해변으로 여행 간다.)

秋天很凉快。 **Qiūtiān hěn liángkuài**。
(가을에는 서늘하다.)
树叶掉了。 **Shùyè diào le**。
(낙엽이 떨어진다.)

冬天很冷。 **Dōngtiān hěn lěng**。
(겨울에는 춥다.)
冻得直打哆嗦。
Dòng de zhí dǎ duōsuo。
(몸이 얼어 계속 오들오들 떤다.)

봄 春 chūn	여름 夏 xià	가을 秋 qiū
겨울 冬 dōng	따뜻한 暖和 nuǎnhuo	추운 冷 lěng
더운 热 rè	더움 热 rè	시원함 凉快 liángkuài
추움 冷 lěng	낙엽 落叶 luòyè	꽃이 피다 花开 huākāi
얼다 冻 dòng	떨어지다 掉 diào	

雪下得很大。**Xuě xià de hěn dà。**
(눈이 많이 온다.)
孩子们在打雪仗，堆雪人。
Háizimen zài dǎ xuězhàng, duī xuěrén。
(아이들이 눈싸움을 하고, 눈사람을 만든다.)

雨下得很大。**Yǔ xià de hěn dà。**
(비가 많이 온다.)
天气潮湿。**Tiānqì cháoshī。**
(날씨가 습하다.)

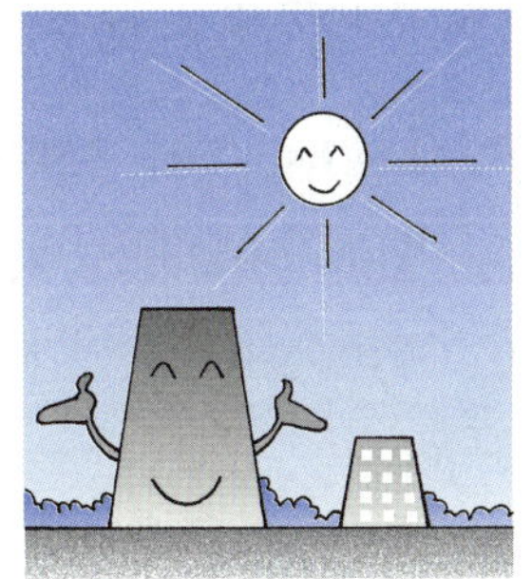

刮风。**Guāfēng。**(바람이 분다.)
人们在放风筝。
Rénmen zài fàng fēngzhēng。
(사람들이 연을 날린다.)

天气很好。**Tiānqì hěn hǎo。**
(날씨가 좋다.)
人们在散步。**Rénmen zài sànbù。**
(사람들은 산책을 한다.)

太阳出来了。
Tàiyáng chūlái le。
(햇볕이 난다.)
人们在晒日光浴呢。
**Rénmen zài shài rìguāngyù
ne。**(사람들이 선탠을 한다.)

多云了。**Duōyún le。**
(구름이 끼었다.)
好像要下雨了。
Hǎoxiàng yào xiàyǔ le。
(비가 올 것 같다.)

路都是冰。**Lù dōu shì bīng。**
/ 路很滑。**Lù hěn huá。**
(길이 빙판이다./길이 미끄럽다.)
汽车打滑了。**Qìchē dǎhuá le。**
(자동차들이 미끄러진다.)

• 今天天气怎么样? Jīntiān tiānqì zěnmeyàng?
(오늘 날씨가 어떻습니까?)

눈이 온다.	下雪了。	Xiàxuě le.
비가 온다.	下雨了。	Xiàyǔ le.
이슬비가 내린다.	下毛毛雨了。	Xià máomaoyǔ le。
천둥이 친다.	打雷了。	Dǎléi le.
번개가 친다.	打闪了。	Dǎshǎn le.
우박이 내린다.	下冰雹了。	Xiàbīngbáo le.

• 下霜了。Xiàshuāng le。서리가 내렸다.

多云了。Duōyún le. 구름이 끼었다.	晴天了。Qíngtiān le. 날씨가 맑다.
天晴了。Tiān qíng le. 청명하다.	刮风了。Guāfēng le. 바람이 분다.
有雾了。Yǒu wù le. 안개가 끼었다.	下雨了。Xiàyǔ le. 비가 온다.
干了。Gān le. 건조하다.	

• 春光明媚 chūnguāngmíngmèi 해가 비친다

热 rè 덥다	闷热 mēnrè 끈적끈적하게 무덥다
暖和 nuǎnhuo 따뜻하다	新鲜 xīnxiān 신선하다
凉 liáng 쌀쌀하다	冷 lěng 춥다
温和 wēnhé 온화하다	干爽 gānshuǎng 쾌적하다

온도 묻고 답하기(有关气温的表达方式 yǒuguān qìwēn de biǎodá fāngshì)

• 多少度? Duōshao dù? (몇 도인가요?)
 – 20度。èrshí dù。(20도입니다.)
 – 零下5度。Língxià wǔ dù。(영하 5도입니다.)

- 今天最高气温是多少？ Jīntiān zuìgāo qìwēn shì duōshao?

  (오늘의 최고 온도가 어떻게 됩니까?)

   – 最高气温33度。 Zuìgāo qìwēn sānshísān dù。 (최고 온도는 33도입니다.)

- 今天最低气温是多少？ Jīntiān zuìdī qìwēn shì duōshao?

  (오늘의 최저 온도가 어떻게 됩니까?)

   – 最低气温10度。 Zuìdī qìwēn shí dù。 (최저 온도는 10도입니다.)

■ 날씨를 나타낼 때(天气 tiānqì)

- 天气很好。 / 天气不好。 Tiānqì hěn hǎo。/Tiānqì bù hǎo。

  (날씨가 좋다/나쁘다.)

- 热 / 冷 rè/lěng (덥다/춥다.)

  晴天 / 多云 / 潮湿 / 干燥 qíngtiān/duōyún/cháoshī/gānzào

  (날이 맑다/구름이 끼었다/습하다/건조하다)

- 刮风 / 下雨 / 下雪 guāfēng/xiàyǔ/xiàxuě

  (바람이 분다/비가 온다/눈이 내린다)

- 今天天气好。 / 天气不好。 Jīntiān tiānqì hǎo。/Tiāqì bù hǎo。

  (오늘 날씨가 좋다/나쁘다.)

■ 기타 날씨 표현(有关天气的其它表达方式 yǒuguān tiānqì de qítā biǎodá fāngshì)

- 今天天气很好。 Jīntiān tiānqì hěn hǎo。 (오늘은 날씨가 좋습니다.)

- 和煦的阳光徐徐升起。 Héxù de yángguāng xúxúshēngqǐ。

  (화창한 해가 났습니다.)

- 起雾了。 Qǐwù le。 (안개가 끼었습니다.)

- 可视距离很短。 Kěshì jùlí hěn duǎn。 (가시거리가 매우 낮습니다.)

- 可视距离是30米。 Kěshì jùlí shì sānshí mǐ。 (가시거리가 30미터입니다.)

- 热得让人喘不过气来。 Rè de ràng rén chuǎnbuguò qì lái。

  (숨 막히는 더위입니다.)

- 冷得吓人。 Lěng de xiàrén。 (끔찍하게 춥다.)

- 外边刺骨地冷。 Wàibiān cìgǔ de lěng。 (밖에는 살을 에는 듯한 추위가 있다.)

- 天晴了。 Tiān qíng le。 (날씨가 갠다/개었다.)

- 满天的乌云。 Mǎntiān de wūyún。 (하늘에 먹구름이 껴있다.)

봄 春 chūn	여름 夏 xià	가을 秋 qiū
기후 气候 qìhou	비 雨 yǔ	소낙비 暴雨 bàoyǔ
눈 雪 xuě	눈보라 暴风雪 bàofēngxuě	천둥 雷 léi
번개 闪电 shǎndiàn	우박 冰雹 bīngbáo	폭풍 暴风 bàofēng

练习

Ⅰ. 날씨에 관한 대화 중 빈칸을 채워 넣어보세요.

(1) A: 今天 ___________ 怎么样? (오늘 날씨가 어때요?)
　　　Jīntiān _______ zěnmeyàng?

　　B: 好像要 ___________ 了。(비가 올 것 같아요.)
　　　Hǎoxiàng yào _______ le。

　　A: 真的? 可是天空没有一丝云。(진짜? 아직 하늘에 구름 한점 없잖아.)
　　　Zhēn de? Kěshì tiānkōng méiyǒn yì sī yún。

(2) A: 首尔在 ___________。(서울은 비가 많이 오고 있어.)
　　　Shǒuěr zài _______。

　　B: 现在大田 ___________。(지금 대전은 개었어.)
　　　Xiànzài Dàtián _______。

　　　一个小时后首尔可能就不再下雨了。
　　　Yí ge xiǎoshi hòu Shǒuěr kěnéng jiù bú zài xiàyǔ le。

　　　(아마도 한 시간 후에는 서울에 비가 더 이상 오지 않을 거야.)

(3) A: 下 ___________ 了。(눈이 많이 온다.)
　　　Xià _______ le。

　　　道路都 ___________ 了。(그리고 도로는 빙판이다.)
　　　Dàolù dōu _______ le。

　　B: 还下吗? (아직도 그렇다고?)
　　　Hái xià ma?

　　　跟天气预报说的完全不一样。(일기예보에서 말한 것과 완전히 다르군.)
　　　Gēn tiānqìyùbào shuō de wánquán bù yí yàng。

의복 (服装 fúzhuāng)

소매가 짧은 短袖 duǎnxiù	소매가 긴 长袖 chángxiù
소매가 없는 砍袖 kǎnxiù	어깨가 드러나는 漏肩 lòujiān
앞이 깊이 파인 低领衫 dīlǐngshān	목까지 덮는 高领衫 gāolǐngshān

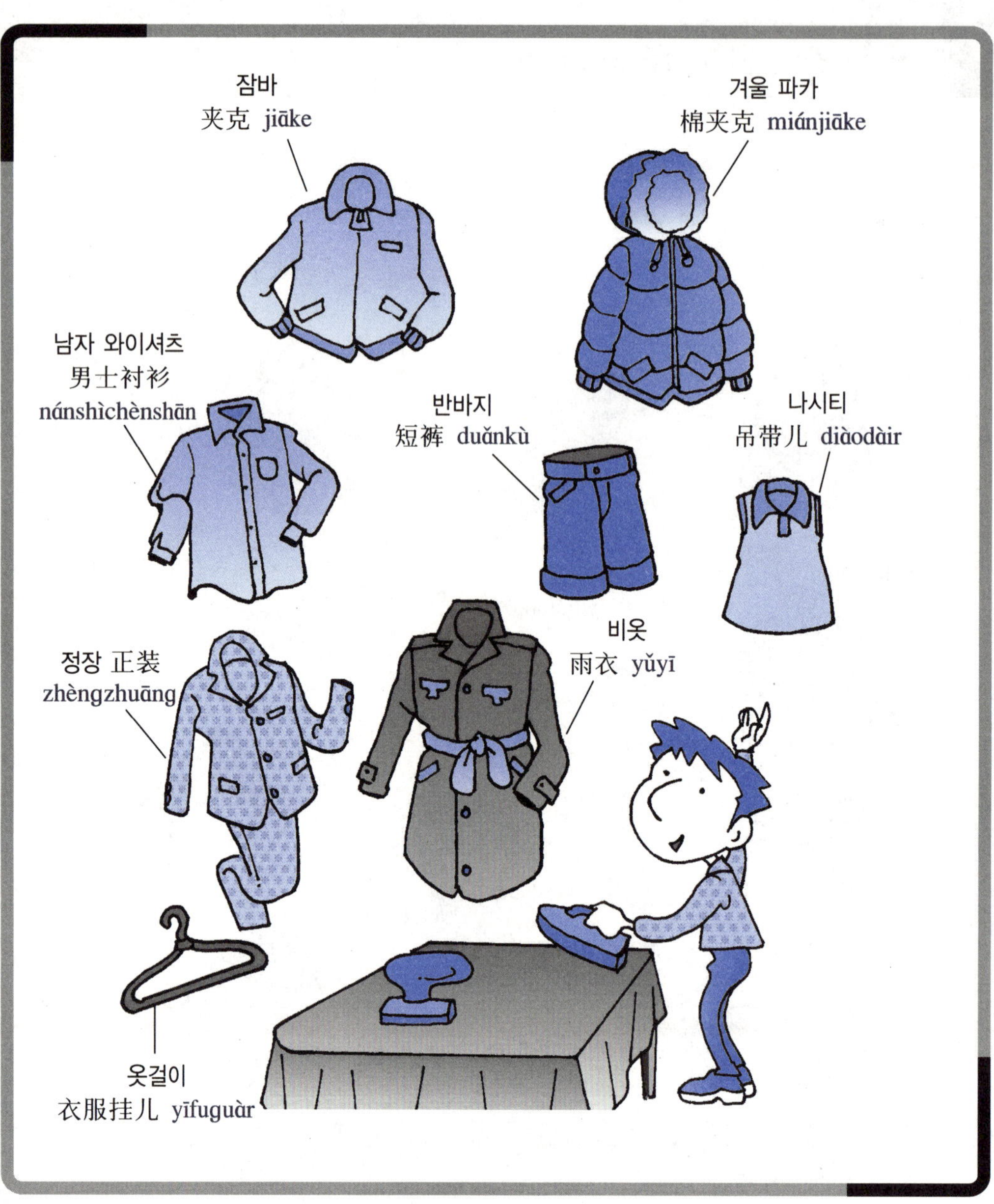

앞치마 围裙 wéiqún	목도리 围巾 wéijīn
웨딩드레스 婚纱 hūnshā	목욕가운 浴袍 yùpáo
양복조끼 西服马夹 xīfúmǎjiǎ	스키복 滑雪服 huáxuěfú
멜빵바지 背带裤 bēidàikù	핫팬티 超短裤 chāoduǎnkù

• (옷) 穿 (옷)을 입다

　今天晚上宴会穿什么？ Jīntiān wǎnshang yànhuì chuān shénme?

（오늘 저녁 파티에 무엇을 입을 거니?)

　– 我穿晚礼服。Wǒ chuān wǎnlǐfú。

　（난 이브닝드레스를 입을 거야.)

• 穿衣服 ：chuān yīfu 옷을 입다

穿衣服吧，我们马上就走。Chuān yīfu ba, wǒmen mǎshàng jiù zǒu.

（옷을 입어라, 우리가 바로 갈 것이다.)

• 脱衣服 ：tuō yīfu 옷을 벗다

我脱完衣服就洗澡。Wǒ tuōwán yīfu jiù xǐzǎo。

（나는 옷을 벗고 샤워한다.)

• 换衣服: huàn yīfu 옷을 갈아입다

你衣服都湿透了，快换衣服吧。

Nǐ yīfu dōu shītòu le, kuài huàn yīfu ba。

（너는 완전히 젖었다, 빨리 옷을 갈아입어라.)

• 给~穿衣服。gěi~chuān yīfu。 ~에게 옷을 입히다.

给孩子多穿点儿，外边冷。Gěi háizi duō chuān diǎnr, wàibiān lěng。

（애를 따뜻하게 입혀라, 밖이 춥다.)

• 给谁穿。Gěi shéi chuān。 (옷) : 누구에게 (옷)을 입히다.

给孩子穿新裤子。Gěi háizi chuān xīn kùzi。

（아이에게 새 바지를 입힌다.)

• 我换T恤衫。Wǒ huàn tīxùshān。

（난 티셔츠를 갈아입는다.)

• 李东很会穿衣服。Lǐdōng hěn huì chuān yīfu。

（이동은 옷을 잘 입는다.)

• 玛丽亚很会赶时髦。Mǎlìyà hěn huì gǎn shímáo。

（마리아는 유행을 잘 따른다.)

• 美娜太落伍了。Měinà tài luòwǔ le。

（미나는 유행에 뒤떨어진다.)

• ~ 非常大 / 小 / 肥 / 瘦 / 短 / 长

　fēicháng dà / xiǎo / féi / shòu / duǎn / cháng

　~ 이 너무 크다 / 작다 / 통이 크다 / 통이 작다 / 짧다 / 길다.

할인〈打折 dǎzhé〉

- 바겐세일 减价销售 jiǎnjià xiāoshòu
- 할인 打折 dǎzhé
- 점포정리 할인 清仓大甩卖 qīngcāng dà shuǎimài
- 환불 退货 tuìhuò
- 할부판매 分期付款销售 fēnqī fùkuǎn xiāoshòu
- 할부구매 分期付款购物 fēnqī fùkuǎn gòuwù
- 할부상환 分期付款 fēnqī fùkuǎn
- 교환 交换 jiāohuàn

복장〈服装 fúzhuāng〉

- 티셔츠 T恤衫 tīxùshān
- 치마 裙子 qúnzi
- 야회복 晚礼服 wǎnlǐfú
- 평상복 便装 biànzhuāng
- 상복 丧服 sāngfú
- 신사복 绅士服 shēnshìfú
- 팀 유니폼 制服 zhìfú
- (군인, 경찰 등의) 정복(军人，公安等) 制服 (jūnrén gōng'ān děng) zhìfú
- 예복 礼服 lǐfú

- 청바지 牛仔裤 niúzǎikù
- 캐주얼 복 休闲服 xiūxiánfú
- 군복 军服 jūfú
- 사무실 办公室 bàngōngshì
- 파티복 晚会服 wǎnhuìfú
- 결혼 의상 礼服 lǐfú

의복〈衣服 yīfu〉

- 면으로 만든 원피스 棉制连衣裙 miánzhì liányīqún
- 모로 만든 스웨터 毛衣 máoyī
- 아마로 만든 셔츠 亚麻衬衫 yàmá chènshān
- 비단 블라우스 丝绸衬衫 sīchóu chènshān
- 폴리에스터로 만든 재킷 涤纶夹克 dílún jiāke
- 가죽 치마 皮裙 píqún
- 밍크 코트 貂皮大衣 diāopí dàyī
- 니트 원피스 毛呢连衣裙 máoní liányīqún

练习

I. 다음 낱말에 해당하는 중국어를 말해 보세요.

(1) 바지　　　　　________________

(2) 치마　　　　　________________

(3) 원피스　　　　________________

(4) 양복 정장　　________________

(5) 투피스　　　　________________

II. 다음 우리말을 중국어로 말해 보세요.

(1) 너 오늘 무엇을 입을 거니?

____

(2) 여기가 덥습니다. 외투를 벗으세요.

____

(3) 옷을 따뜻하게 입으세요. 밖에 추워요.

____

(4) 이 셔츠가 내게 너무 큽니다.

____

(5) 이 바지가 너무 깁니다.

____

속옷(内衣 nèiyī) / 소품들(小饰品 xiǎoshìpǐn)

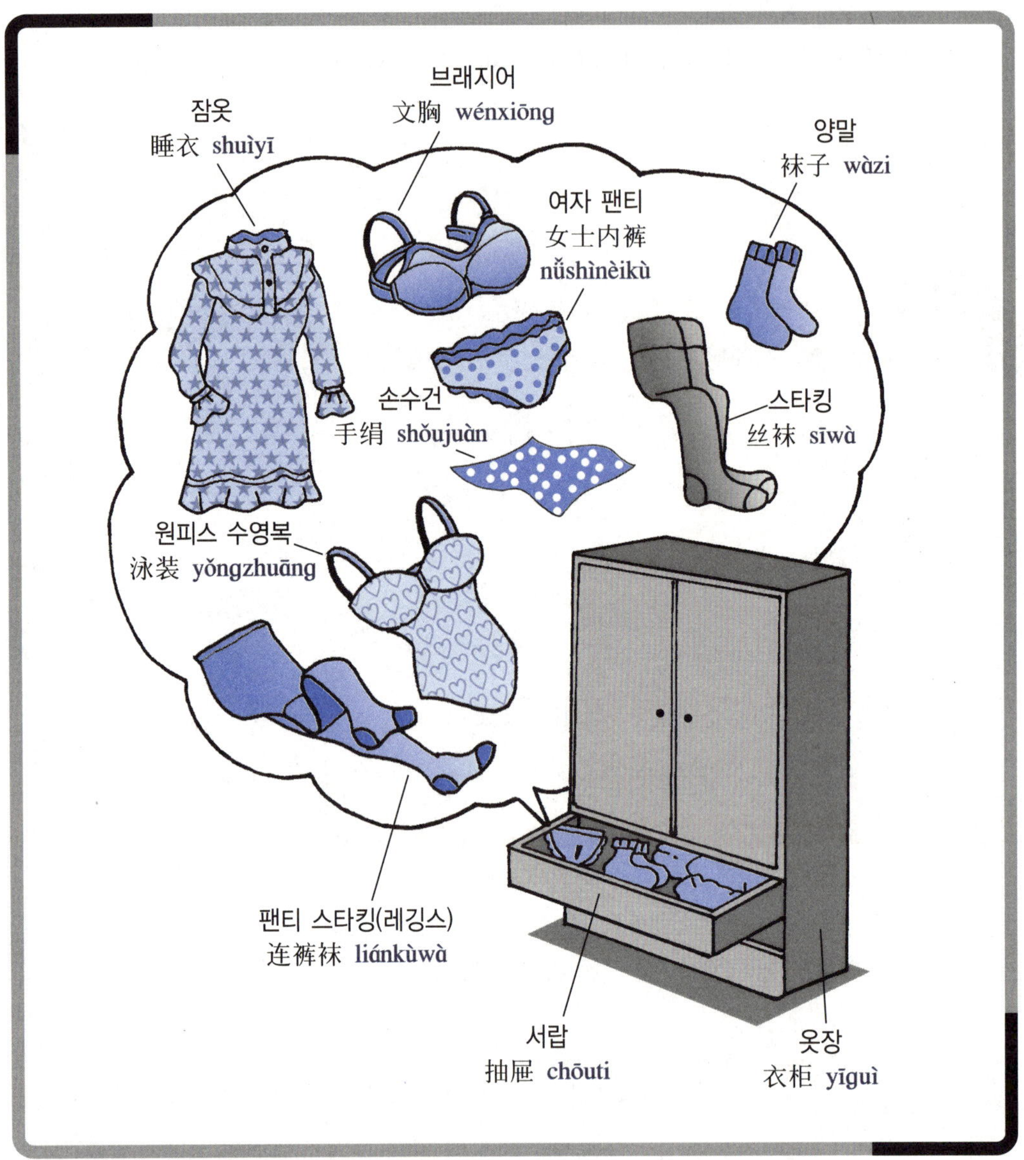

비키니 比基尼 bǐjīní	수건 毛巾 máojīn
실내복 睡袍 shuìpáo	잠옷 睡衣 shuìyī
스카프 丝巾 sījīn	목욕가운 浴袍 yùpáo

남자 팬티
男士内裤 náshìnèikù

장갑
手套 shǒutào

남자 수영복
男士泳装
nánshìyǒngzhuāng

혁대
皮带 pídài

베레모
贝雷帽 bèiléimào

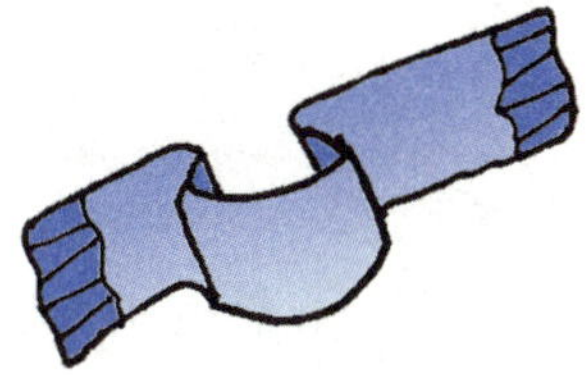

목도리
围巾 wéijīn

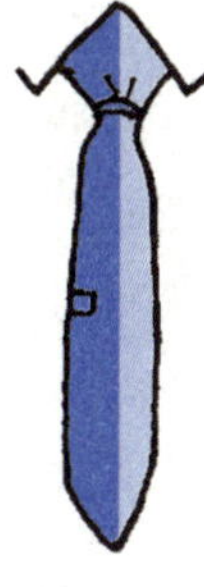

넥타이
领带 lǐngdài

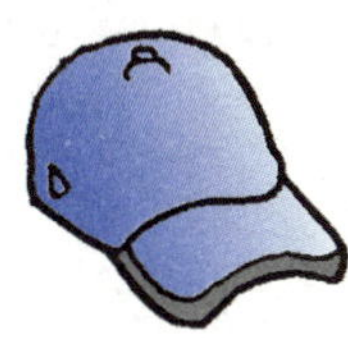

챙있는 모자
遮阳帽 zhēyángmào

밀짚모자
草帽 cǎomào

챙없는 털실모자
帽盔 màokuī

어떻게 怎么 zěnme	내 이름이 ~이다 我叫~。wǒjiào~。
나비넥타이 领结 lǐngjié	멜빵 背带 bēidài
커프스단추 袖扣 xiùkòu	앞치마 围裙 wéiqún
야구모자 棒球帽 bàngqiúmào	중산모 礼帽 lǐmào

(비교적 딱딱한 재질의)모자 毡帽 zhānmào

망사 스타킹 丝网长筒袜 sīwǎngchángtǒngwà

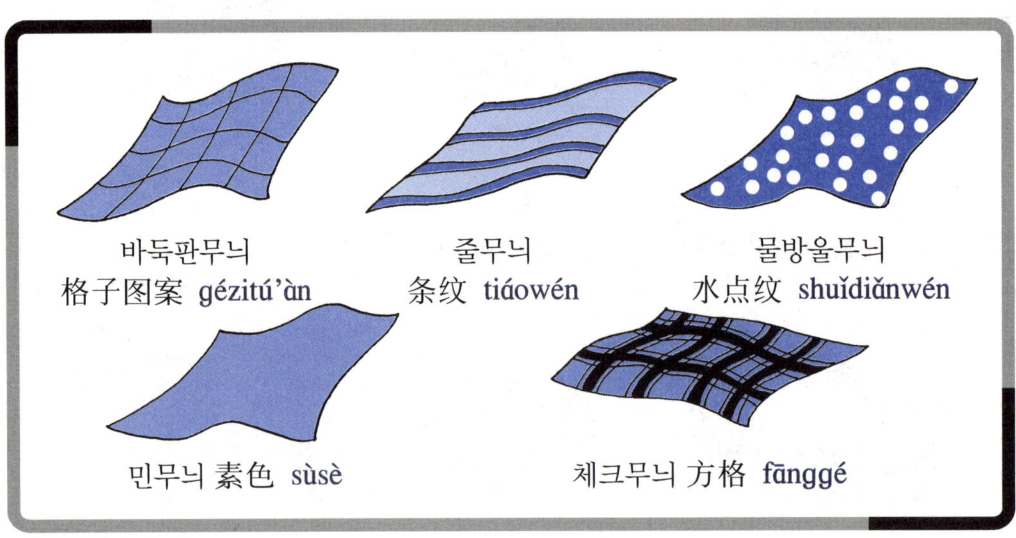

练习

Ⅰ. 해당하는 알맞은 어휘를 넣으시오.

(1) 请给我看看你的 ____________。

Qǐng gěi wǒ kànkan nǐ de __________。

(중산모를 보여주세요.)

(2) 我想买 ____________。

Wǒ xiǎng mǎi __________。

(저는 물방울 무늬의 손수건을 사고 싶습니다.)

(3) 这条围裙对我女儿来说 ____________。

Zhè tiáo wéiqún duì wǒ nǚér lái shuō __________。

(이 앞치마는 우리 딸에게는 너무 큽니다.)

(4) 能给我看看那条 ____________吗？

Néng gěi wǒ kànkan nà tiáo __________ ma?

(그 넥타이를 제게 보여주실 수 있나요?)

(5) 请把那条____________ 给我看看。

Qǐng bǎ nà tiáo __________ gěi wǒ kànkan。

(저기 쇼 윈도우에 있는 목도리를 보여주세요.)

신발 (鞋 xié) / 보석 (宝石 bǎoshí)

운동화
运动鞋
yùndòngxié

뾰족 구두
高跟鞋 gāogēnxié

끈이 없는 간편한 단화
没有鞋带儿的鞋
méiyǒu xiédàir de xié

샌들
凉鞋
liángxié

실내화
拖鞋 tuōxié

굽이 없는 구두
平跟鞋 pínggēnxié

핸드 백
手提包 shǒutíbāo

서류 가방
公文包
gōngwénbāo

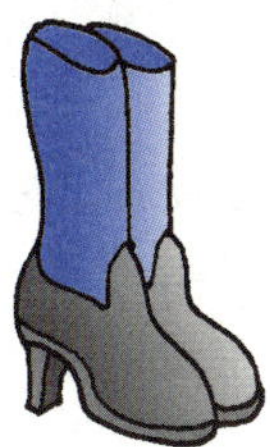

부츠
皮靴 píxuē

배낭
背包 bēibāo

여행용 가방
旅行包 lǚxíngbāo

숄더백 挎包 kuàbāo	여행가방 旅行包 lǚxíngbāo
초등학생용 가방 书包 shūbāo	
지갑 钱包 qiánbāo	장지갑 长款钱包 chángkuǎnqiánbāo
동전지갑 硬币包 yìngbìbāo	구두끈 皮鞋带儿 píxiédàir
구두약 皮鞋油 píxiéyóu	구두 밑창 皮鞋底 píxiédǐ
신발 닦다 擦鞋 cāxié	

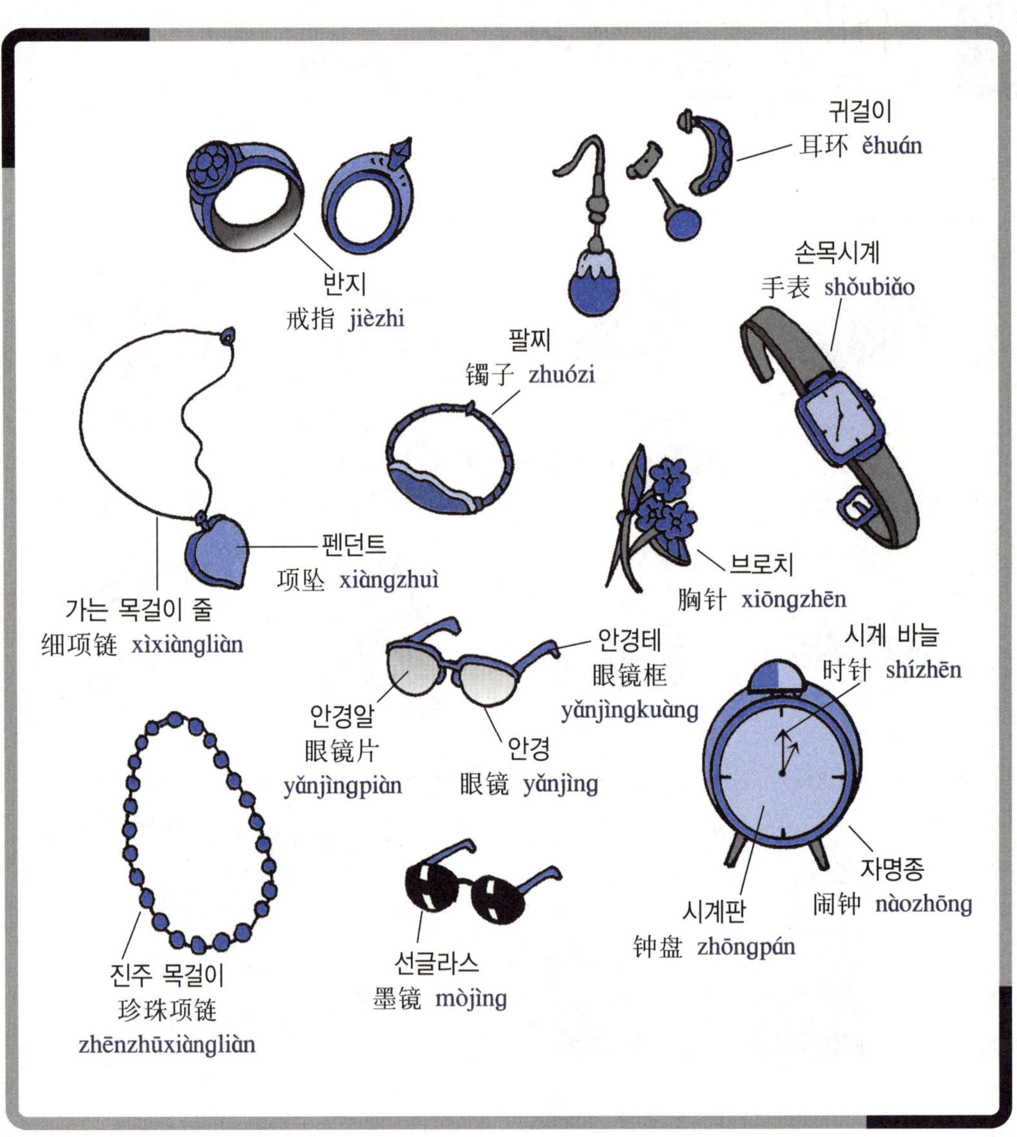

벽시계 挂钟 guàzhōng	배지 徽章 huīzhāng
사슬모양 팔찌 手链 shǒuliàn	전자시계 电子表 diànzibiǎo
뻐꾸기시계 布谷鸟钟 bùgǔniǎozhōng	초침 秒针 miǎozhēn
발찌 脚链 jiǎoliàn	

- 她穿裤子/连衣裙/衬衫/夹克。Tā chuān kùzi/liányīqún/chènshān/jiāke.
  (그녀는 바지를/원피스를/블라우스를/재킷을 입는다.)
- 她穿丝袜/袜子/鞋。Tā chuān sīwà/wàzi/xié。
  (그녀는 스타킹을/양말을/신발을 신는다.)
- 她戴手套。Tā dài shǒtào。
  (그녀는 장갑을 낀다.)
- 她戴帽子/眼镜 Tā dài màozi/yǎnjìng。
  (그녀는 모자를/안경을 쓴다.)
- 他戴领带 Tā dài lǐngdài。
  (그는 넥타이를 맨다.)

사이즈 묻고 답하기(问尺寸 wèn chǐcùn)

■ 신발가게(鞋店 xiédiàn)

- 你穿多大号的? Nǐ chuān duō dà hào de?
  (치수가 어떻게 됩니까?)
  - 我穿40号的。Wǒ chuān sìshí hào de。
    (제 신발 치수는 40입니다.)
- 这双鞋很舒服/不舒服。Zhè shuāng xié hěn shūfu/bù shūfu。
  (이 신발이 편합니다/불편합니다.)
- 这双鞋太大/小/瘦/跟儿矮 zhè shuāng xié tài dà/xiǎo/shòu/gēnr ǎi。
  (이 신발이 너무 큽니다/작습니다/폭이 좁다/굽이 낮습니다.)

■ 옷가게(服装店 fúzhuāngdiàn)

- 你穿多大号的衣服? Nǐ chuān duō dà hào de yīfu?
  (당신의 옷 치수가 어떻게 되시나요?)
- 多大号的? Duō dà hào de?
  (치수가 어떻게 됩니까?)

• 有比这件再大一号的吗?/小一号的吗?
  Yǒu bǐ zhè jiàn zài dà yí hào de ma? / xiǎo yí hào de ma?
  (한 치수 큰/작은 것이 있나요?)
  – 38号. **Sānshíbā hào。** (38 치수입니다.)
  – 这款衣服各种尺寸我们都有。
    Zhè kuǎn yīfu gè zhǒng chǐcun wǒmen dōu yǒu。
    (저희는 그것을 다양한 치수로 가지고 있습니다.)
  – 对不起, 没有那个号码的。**Duìbuqǐ, méiyǒu nà ge hàomǎ de。**
    (죄송합니다. 그 치수는 없습니다.)

• 这件很合身。**Zhè jiàn hěn héshēn。**
  (이것이 몸에 잘 맞습니다.)

• 这件不合身。**Zhè jiàn bù héshēn。**
  (이것이 몸에 잘 안 맞습니다.)

• 这件太大/小/长/短/瘦/肥。**Zhè jiàn tài dà/xiǎo/cháng/duǎn/shòu/féi。**
  (이것은 너무 큽니다/작습니다/깁니다/짧습니다/(몸에) 딱 붙습니다/펑펑합니다.)

• 那件很适合你/不适合你。**Nà jiàn hěn shìhé nǐ/bú shìhé nǐ。**
  (그것이 당신에게 잘 어울립니다/어울리지 않습니다.)

• 那件真的很适合你。**Nà jiàn zhēn de hěn shìhé nǐ。**
  (그것은 당신에게 정말 잘 어울린다.)

• 这条领带很适合你。**Zhè tiáo lǐngdài hěn shìhé nǐ。**
  (이 넥타이가 네게 잘 어울린다.)

• 那件夹克很适合你。**Nà jiàn jāke hěn shìhé nǐ。**
  (그 재킷은 네게 너무 잘 어울린다.)

• 这条领带配那件西服不合适。
  Zhè tiáo lǐngdài pèi nà jiàn xīfú bù héshì。
  (그 양복에는 이 넥타이가 어울리지 않는다.)

• 这个合我的心。**Zhè ge hé wǒ de xīn。**
  (난 이것이 마음에 든다.)

• 这个不合我的心。Zhè ge bú hé wǒ de xīn。
(난 이것이 마음에 들지 않는다.)

■ 구매의사 표현

• 买那个。Mǎi nà ge。
(그것을 삽니다.)

• 要买那个。Yào mǎi nà ge。
(그것을 사겠습니다.)

• 不买那个。Bù mǎi nà ge。
(그것을 사지 않겠습니다.)

 재료〈材料 cáiliào〉

실크 丝绸 sīchóu	양모 羊毛 yángmáo	직물 纺织品 fǎngzhīpǐn
면 棉 mián	마 麻 má	나일론 尼龙 nílóng
폴리에스테르 纶涤 dílún	고무 胶皮 jiāopí	가죽 皮 pí

금 金 jīn	백금 白金 báijīn	은 银 yín
동 铜 tóng	주석 锡 xī	산호 珊瑚 shānhú
상아 象牙 xiàngyá	진주 珍珠 zhēnzhū	루비 红宝石 hóngbǎoshí
호박 琥珀 hǔpò	다이아몬드 钻石 zuànshí	
에메랄드 绿宝石 lǜbǎoshí	오팔 蛋白石 dànbáishí	
터키석 绿松石 lǜsōngshí	사파이어 蓝宝石 lánbǎoshí	

Ⅰ. 다음 낱말에 해당하는 중국어를 말해 보세요.

    (1) 운동화   __________________

    (2) 샌들   __________________

    (3) 핸드백   __________________

    (4) 배낭   __________________

    (5) 여행용 가방   __________________

    (6) 반지   __________________

    (7) 안경테   __________________

    (8) 배지   __________________

    (9) 자명종   __________________

    (10) 선글라스   __________________

Ⅱ. 다음 우리말을 중국어로 말해 보세요.

    (1) 그녀는 블라우스를 입는다.

    ____

    (2) 나는 양말을 신는다.

    ____

    (3) 그는 선글라스를 낀다.

    ____

    (4) 나는 넥타이를 맨다.

    ____

    (5) 이것 한 치수 작은 것 있습니까?

    ____

거주지 (居所 jūsuǒ) / 집 (房子 fángzi)

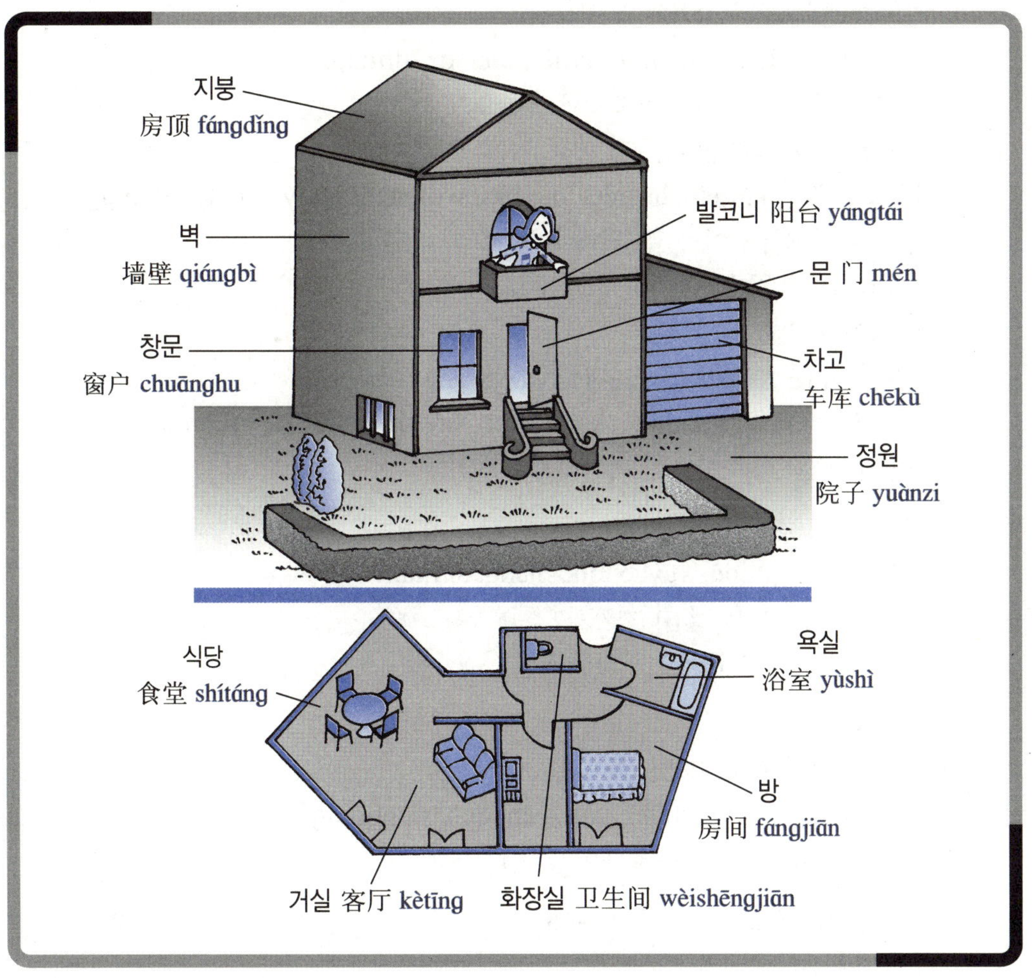

천장 屋顶 wūdǐng	바닥 地面 dìmiàn	계단 楼梯 lóutī
1층 1楼 yīlóu	입구 入口 rùkǒu	지하실 地下室 dìxiàshì
2층 2楼 èrlóu	부엌 厨房 chúfáng	복도 走廊 zǒuláng
중앙난방 集中供暖 jízhōng gòngnuǎn		
개별난방 个别供暖 gèbié gòngnuǎn		
창고 仓库 cāngkù	쓰레기 垃圾 lājī	다락(방) 阁楼 gélóu
어린이 놀이터 儿童游乐场 értóng yóulèchǎng		

- 住在哪儿？Zhù zài nǎr?

  (어디 사세요?)

  – 住在离地铁站一公里远的地方。

    Zhù zài lí dìtiězhàn yì gōnglǐ yuǎn de dìfang。

    (전철역에서 1킬로미터 떨어진 곳에 살아요.)

  – 住在离公交车站步行 5 分钟远的地方。

    Zhù zài lí gōngjiāochēzhàn bùxíng wǔfēnzhōng yuǎn de dìfang。

    (버스정류장에서 걸어서 5분 거리에 살아요.)

  – 住在 6 号街。Zhù zài liù hào jiē。

    (6블록에 살고 있다.)

  – 住在离人民大街开车一小时远的地方。

    Zhù zài lí Rénmín dàjiē kāichē yì xiǎoshí yuǎn de dìfang。

    (인민거리에서 차로 한 시간 거리에 살아요.)

- 车站到你家需要多长时间？

  Chēzhàn dào nǐ jiā xūyào duōcháng shíjiān?

  (역에서 댁까지 얼마나 걸립니까?)

  – 得一个小时。Děi yí ge xiǎoshí。

    (1시간 걸립니다.)

- 那个城市周边有很多公房。

  Nà ge chéngshì zhōubiān yǒu hěn duō gōngfáng。

  (그 도시 외곽 지역에는 공공 주택이 많다.)

- 他住在二楼。Tā zhù zài èr lóu。

  (그는 2층에 산다.)

- 昨天的报纸刊登了那个房子的广告。

  Zuótiān de bàozhǐ kāndēng le nà ge fángzi de guǎnggào。

  (어제 신문에 그 집 광고가 났다.)

- 我交很多房租。Wǒ jiāo hěn duō fángzū。

  (난 매우 많은 집세를 낸다.)

- 我每月 1 号都要交房租。Wǒ měi yuè yī hào dōu yào jiāo fángzū。

  (나는 매달 1일에 집세를 내야 한다.)

빌딩 大厦 dàshà	성 省 shěng	별장 别墅 biéshù
통나무집 木屋 mùwū	농가 农家 nóngjiā	산장 山庄 shānzhuāng
탑 塔 tǎ	아파트 楼 lóu	집세 房租 fángzū
집 家 jiā	방갈로 帐篷 zhàngpeng	스튜디오 播音室 bōyīnshì
경비 警卫 jǐngwèi	집주인 房主 fángzhǔ	보증금 保证金 bǎozhèngjīn

세입자 房客 fángkè	복덕방 房地产 fángdìchǎn
기숙사 宿舍 sùshè	대학 기숙사 大学宿舍 dàxuésùshè
팔 집 出售房 chūshòufáng	관리비 管理费 guǎnlǐfèi
세놓을 집 出租房 chūzūfáng	광고 广告 guǎnggào
소개비 中介费 zhōngjièfèi	계약 合同 hétong
승강기 电梯 diàntī	

Ⅰ. 다음 우리말은 중국어로 말해 보세요.

(1) 창문 ___________________
(2) 천장 ___________________
(3) 계단 ___________________
(4) 복도 ___________________
(5) 창고 ___________________
(6) 별장 ___________________
(7) 경비 ___________________
(8) 대학기숙사 ___________________
(9) 관리비 ___________________
(10) 계약 ___________________

Ⅱ. 다음 우리말을 중국어로 말해 보세요.

(1) 어디 사세요?
____

(2) 버스정류장에서 걸어서 5분 거리에 삽니다.
____

(3) 나는 5층에 삽니다.
____

(4) 매월 1일에 집세를 지불해야 합니다.
____

(5) 역에서 댁까지 얼마나 걸립니까?
____

12 방 (房间 fángjiān) / 거실 (客厅 kètīng)

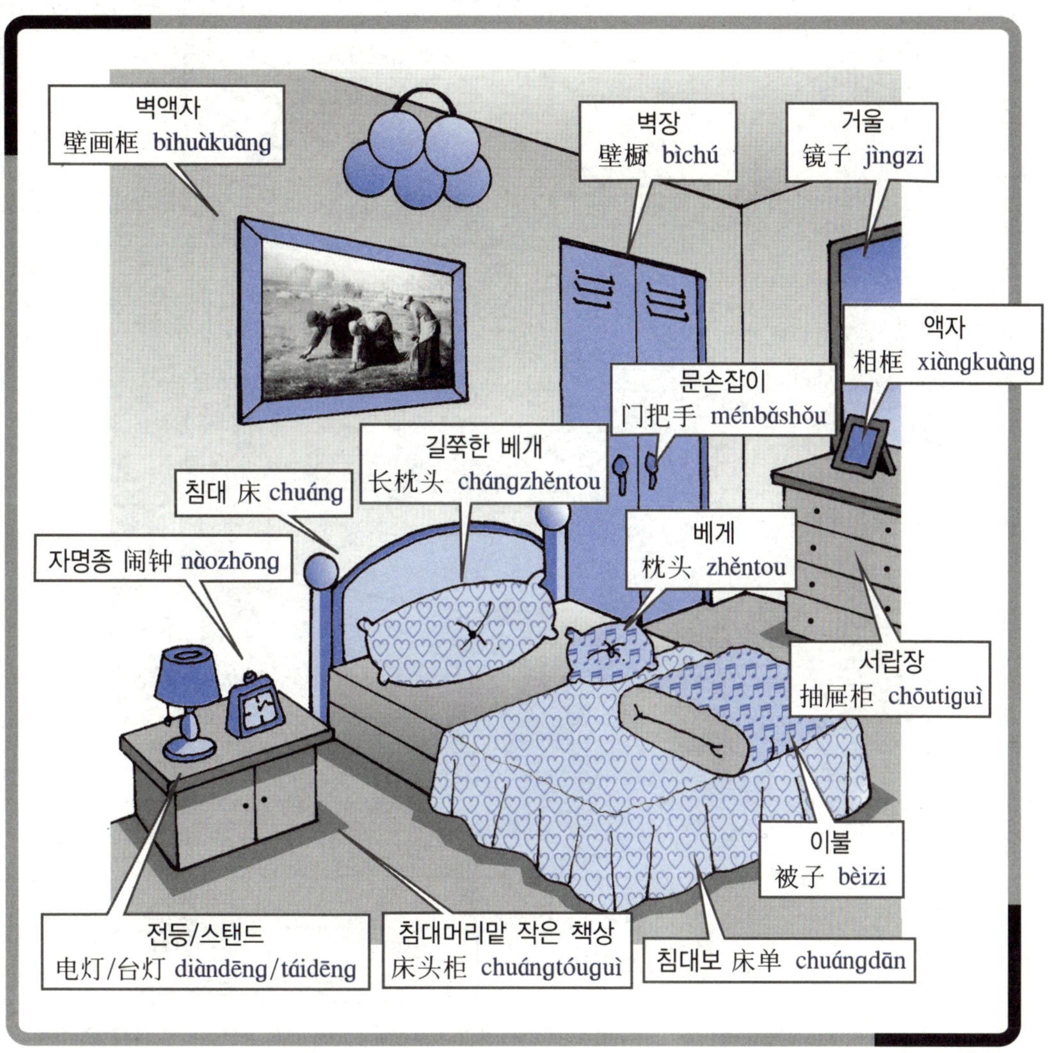

어린이용 침대 儿童床 értóngchuáng	더블베드 双人床 shuāngrénchuáng
싱글베드 单人床 dānrénchuáng	전기담요 电热毯 diànrètǎn
옷장 衣柜 yīguì	옷걸이 衣服挂 yīfuguà
히터 加热器 jiārèqì	드레스 룸 储衣室 chǔyīshì
에어컨 空调 kōngtiáo	베갯잇 枕套 zhěntào

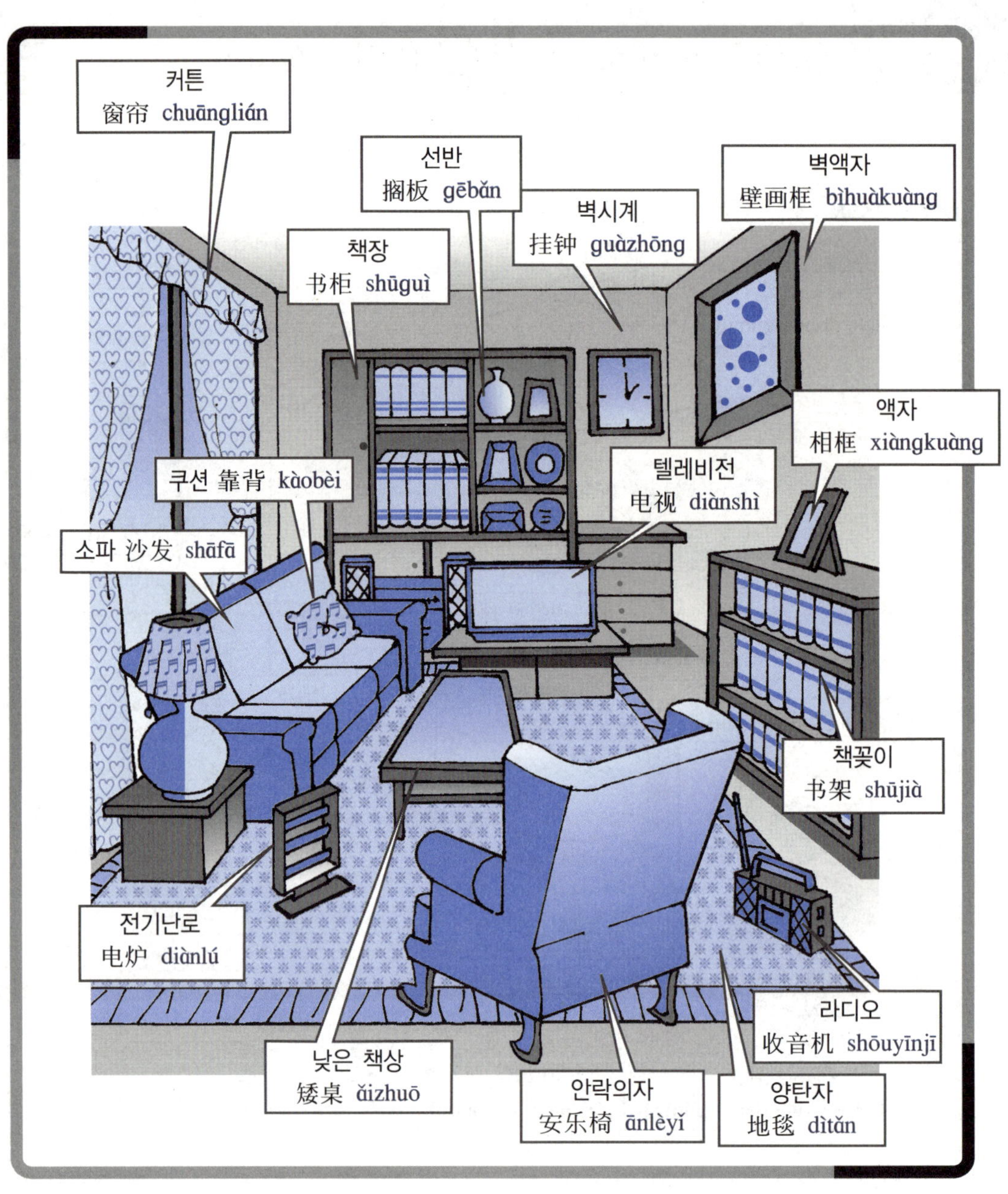

의자 椅子 yǐzi	동그란 의자 圆椅 yuányǐ
회전의자 转椅 zhuànyǐ	오디오 组合音响 zǔhéyīnxiǎng
VTR 录像机 lùxiàngjī	전화 电话 diànhuà
재떨이 烟灰缸 yānhuīgāng	리모컨 遥控器 yáokòngqì

(전구)스위치 开关 kāiguān	벽난로 壁炉 bìlú
전구 灯泡 dēngpào	환풍기 排风机 páifēngjī
콘센트 插座 chāzuò	

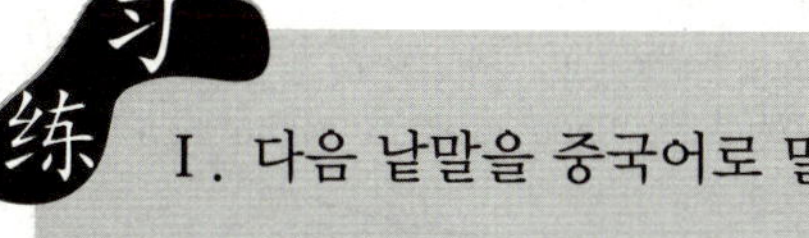

I. 다음 낱말을 중국어로 말해 보세요.

(1) 전등 ___________________

(2) 스탠드 ___________________

(3) 벽장 ___________________

(4) 싱글베드 ___________________

(5) 옷걸이 ___________________

(6) 커텐 ___________________

(7) 쿠션 ___________________

(8) 침대보 ___________________

(9) 거울 ___________________

(10) 에어컨 ___________________

请进。Qǐng jìn。들어오세요.
请听。Qǐng tīng。들어보세요. / 请说。Qǐng shuō。말해 보세요.
请看黑板。Qǐng kàn hēibǎn。칠판을 보세요. / 请合上书。Qǐng héshang shū。책을 덮으세요.
请打开书。Qǐng dǎkāi shū。책을 펴세요. / 请打到15页。Qǐng dǎdào shíwǔ yè。15쪽을 펴세요.
请回答。Qǐng huídá。대답하세요. / 请提问。Qǐng tíwèn。질문하세요. / 请大声说话。
Qǐng dàshēng shuōhuà。큰 소리로 말해 보세요. / 说一说对它的感想。Shuō yi shuō duì tā de
gǎnxiǎng。그것에 대해서 생각을 말해 보세요.
你好!
有问题。Yǒu wènti。질문이 있습니다.
理解不了。Lǐjiě bù liǎo。이해가 안 됩니다.
怎么写? Zěnme xiě? 어떻게 쓰나요?

핸드백
手堤包　shǒutíbāo

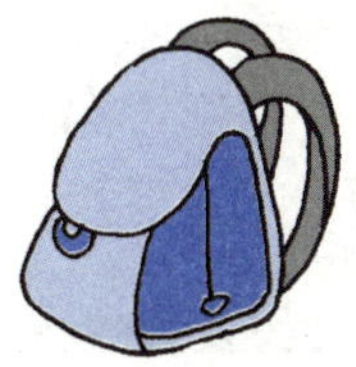

배낭
背包　bēibāo

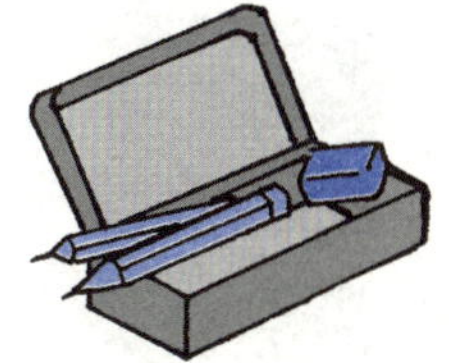

필통
文具盒　wénjùhé

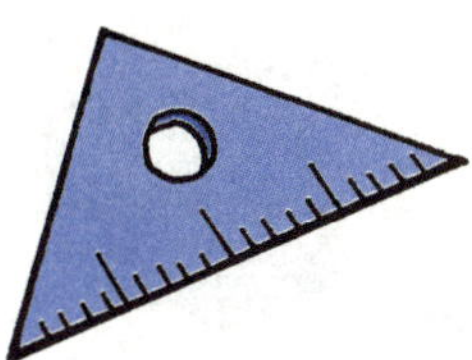

삼각자
三角板　sānjiǎobǎn

연필 / 연필꽂이
铅笔　qiānbǐ
/ 笔筒　bǐtǒng

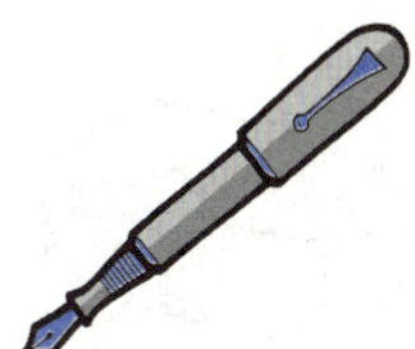

만년필
钢笔　gāngbǐ

가위
剪子　jiǎnzi

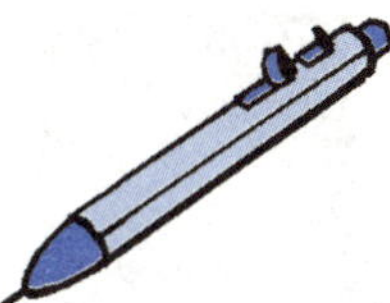

볼펜
圆珠笔　yuánzhūbǐ

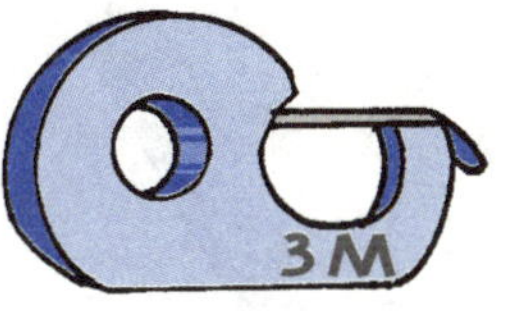

스커치 테이프
透明胶
tòmíngjiāo

샤프
自动铅笔
zìdòngqiānbǐ

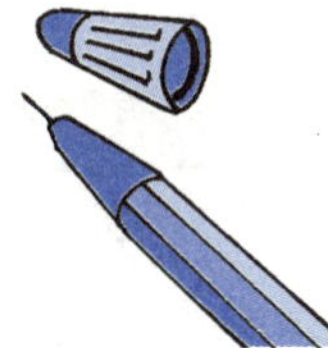

싸인펜 / 싸인펜 뚜껑
签字笔 / 签字笔盖
qiānzìbǐ / qiānzìbǐgài

길죽한 자
尺子　chǐzi

책
书 shū

공책
笔记本 bǐjìběn

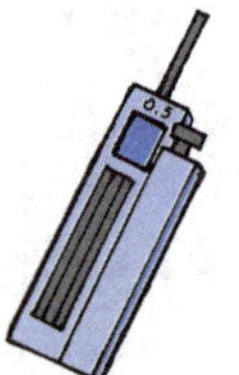

샤프심통
自动铅笔芯盒
zìdòngqiānbǐxīnhé

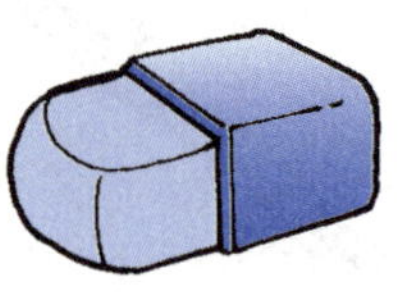

지우개
橡皮 xiàngpí

풀
胶水 jiāoshuǐ

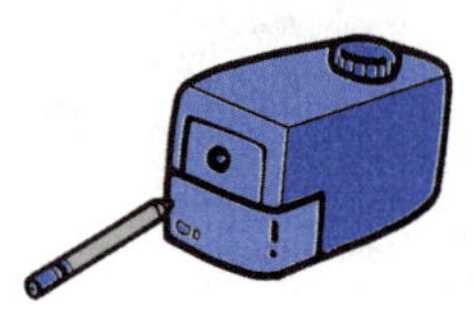

연필깍이
铅笔刀 qiānbǐdāo

색연필
彩笔 cǎibǐ

수첩 / 메모지
手册 shǒucè /
便笺纸 biànjiānzhǐ

파일
文件夹 wénjiànjiā

수성펜
水性笔 shuǐxìngbǐ

붓
毛笔 máobǐ

화이트
修正液 xiūzhèngyè

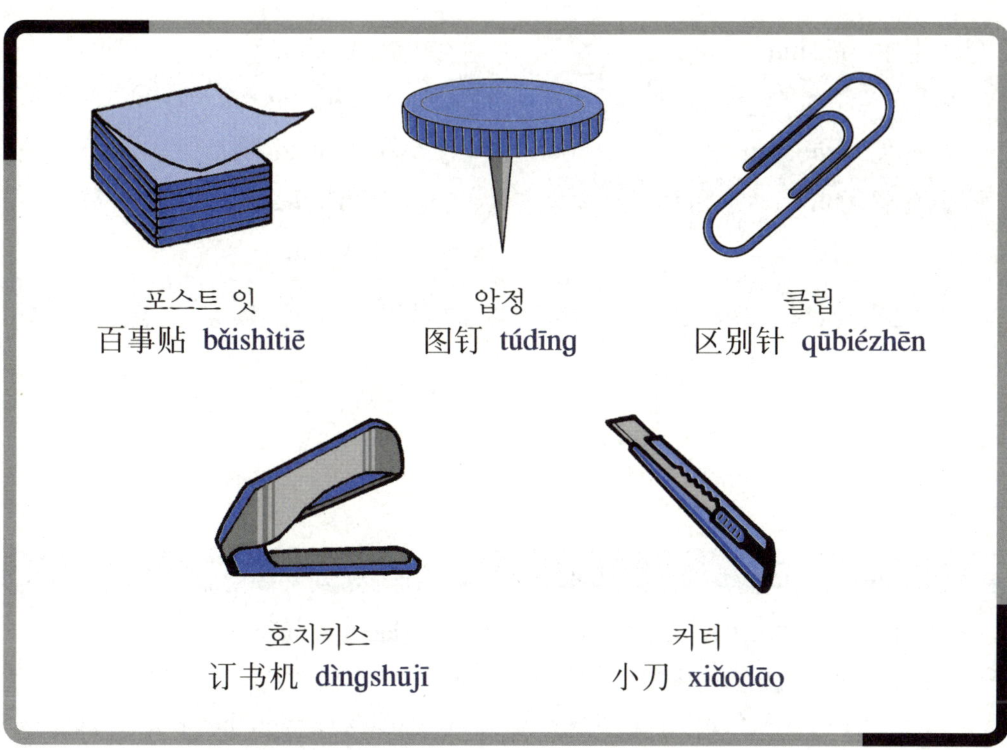

- 在哪儿学过数学? **Zài nǎr xué guò shùxué?**
  (어디에서 수학하셨나요?)
- 我在补习班学的数学。**Wǒ zài bǔxíbān xué de shùxué。**
  (저는 학원에서 수학했습니다.)
- 我考试及格了。**Wǒ kǎoshì jígé le。**
  (나는 시험에 합격했다.)
- 我考试不及格。**Wǒ kǎoshì bù jígé。**
  (나는 시험에 불합격했다.)
- 中国9月份新学期开始。**Zhōngguó jiǔ yuè fèn xīnxuéqī kāishǐ。**
  (중국에서는 학기가 9월에 시작한다.)
- 你喜欢什么科目? **Nǐ xǐhuān shénme kēmù?**
  (어떤 과목을 좋아하세요?)
- 我喜欢汉语和数学。**Wǒ xǐhuān Hànyǔ hé shùxué。**
  (저는 중국어와 수학을 좋아합니다.)
- 我汉语好。**Wǒ Hànyǔ hǎo。** (나는 중국어가 강하다.)
- 我化学差。**Wǒ huàxué chà。** (나는 화학이 약하다.)

잉크 墨水 mòshuǐ	편지지 信纸 xìnzhǐ
전자계산기 计算器 jìsuànqì	포장지 包装纸 bāozhuāngzhǐ
라벨 标签 biāoqiān	책상 桌子 zhuōzi
분필 粉笔 fěnbǐ	칠판 黑板 hēibǎn
의자 椅子 yǐzi	과목 科目 kēmù
학기 学期 xuéqī	

교사가 하는 말

나는 수학과 물리를 가르친다. 我教数学与物理。Wǒ jiāo shùxué yǔ wùlǐ。

나는 학생들에게 숙제를 많이 내준다.

我给学生留很多作业。Wǒ gěi xuésheng liú hěnduō zuòyè。

나는 수업을 매우 잘 준비한다. 我备课备得很好。Wǒ bèikè bèi de hěn hǎo。

나는 정당한 성적을 부여한다. 我成绩给得很合理。Wǒ chéngjì gěi de hěn hélǐ。

나는 과제와 평가를 수정한다. 我修改作业和评价。Wǒ xiūgǎi zuòyè hé píngjià。

나는 절대로 휴강을 하지 않는다. 我绝对不会休讲。Wǒ juéduì búhuì xiūjiǎng。

학생이 하는 말

나는 열심히 공부한다. 我认真学习。Wǒ rènzhēn xuéxí。

나는 오늘 수업이 없다. 我今天没有课。Wǒ jīntiān méiyǒu kè。

나는 수업을 빼먹은 적이 없다. 我一次也没旷过课。Wǒ yí cì yě méi kuàng guò kè。

나는 수업내용을 복습해야 한다.

我得复习一下上课的内容 Wǒ děi fùxí yí xià shàngkè de nèiróng。

나는 숙제를 한다. 我写作业。Wǒ xiě zuòyè。

나는 성적이 좋다. 我成绩好。Wǒ chéngjì hǎo。

나는 졸업시험에 합격했다. 我毕业考试及格了。Wǒ bìyè kǎoshì jígé le。

나는 입학시험에 떨어졌다. 我入学考试不及格。Wǒ rùxué kǎoshì bù jígé。

나는 재시험을 봐야 한다. 我得重新考试。Wǒ děi chóngxīn kǎoshì。

Ⅰ. 다음 낱말을 중국어로 말해 보세요.

(1) 가위 _______________________

(2) 볼펜 _______________________

(3) 지우개 _______________________

(4) 메모지 _______________________

(5) 필통 _______________________

(6) 샤프 _______________________

(7) 연필깎이 _______________________

(8) 압정 _______________________

(9) 전자계산기 _______________________

(10) 풀 _______________________

Ⅱ. 다음 우리말을 중국어로 말해 보세요.

(1) 들어오세요.
____

(2) 들어보세요.
____

(3) 따라 말해 보세요.
____

(4) 그것이 이해가 안 됩니다.
____

(5) 질문이 있습니다.
____

(6) 저는 수학을 잘합니다.
____

(7) 나는 그 시험에 합격했습니다.
____

중국의 교육체계 (中国的教育体系 Zhōngguó de jiàoyù tǐxì)

교육기관	학년	나이
幼儿园 yòu'éryuán 유아원		4
学前班 xuéqiánbān 유치원		7
小学 xiǎoxué 초등학교	一年级 yīniánjí 1학년	8
	二年级 èrniánjí 2학년	9
	三年级 sānniánjí 3학년	10
	四年级 sìniánjí 4학년	11
	五年级 wǔniánjí 5학년	12
	六年级 liùniánjí 6학년	13
中学 zhōngxué 중학교	初一 chūyī 중학교 1학년	14
	初二 chūèr 중학교 2학년	15
	初三 chūsān 중학교 3학년	16
高中 gāozhōng 고등학교	高一 gāoyī 고등학교 1학년	17
	高二 gāoèr 고등학교 2학년	18
	高三 gāosān 고등학교 3학년	19
大学 dàxué 대학교	学士 xuéshì 학사	~
	硕士 shuòshì 석사	~
	博士 bóshì 박사	~

　　중국의 학교 교육제도는 초등학교 1학년부터 중학교 3학년까지 의무교육이다. 즉, 9년간 학교 내 의무교육을 받아야 한다. 대부분의 학교는 국립이다.

　　대부분의 어린이들은 만 3세가 되면 유아원에 다닌다. 8살에는 초등학교에 입학하여 6년간 다닌다.

　　중학교·고등학교로의 진학에는 진학시험을 보고 합격하지 못할 경우 일부 학교에서는 유급시키기도 한다.

　　중국의 고등학교도 인문계와 전문계로 나뉜다. 고등학교 졸업 후에는 대학에 진학 또는 취업한다.

- 一天有6个小时的课。Yì tiān yǒu liù ge xiǎoshí de kè。
  (하루에 6시간씩 수업이 있습니다.)

- 你们学校所有的科目都是必修课吗?
  Nǐmen xuéxiào suǒyǒu de kēmù dōu shì bìxiūkè ma?
  (너희 학교에서는 모든 과목이 필수이수과목이니?)

- 不是，有几门是选修课。Búshì, yǒu jǐ mén shì xuǎnxiūkè。
  (아니 몇 과목은 선택과목이야.)

- 我是中文系的学生。Wǒ shì Zhōngwénxì de xuésheng。
  (저는 중국어과 학생입니다.)

- 如果想进入大学的话，必须得通过高考。
  Rúguǒ xiǎng jìnrù dàxué de huà, bìxū děi tōngguò gāokǎo。
  (대학에서 공부하려면 대입 시험에 합격해야한다.)

- 想进大学得通过入学考试
  Xiǎng jìn dàxué děi tōngguò rùxué kǎoshì。
  (대학에 들어가기 위해서는 입학에 합격해야 한다.)

- 他在北京大学读医学。Tā zài Běijīngdàxué dú yīxué。
  (그는 북경 대학에서 의학을 공부한다.)

- 她是北京大学法学系的学生。
  Tā shì Běijīngdàxué fǎxuéxì de xuésheng。
  (그녀는 북경 대학 법학과에 학생으로 등록되어 있다.)

학교 졸업 学校毕业 xuéxiàobìyè	교장 校长 xiàozhǎng
학생회장 学生会长 xuéshēnghuìzhǎng	학교제도 学校制度 xuéxiàozhìdù
학교친구 学校朋友 xuéxiàopéngyou	야간학교 夜校 yèxiào
종일학교 一般学校 yìbānxuéxiào	남학교 男校 nánxiào
여학교 女校 nǚxiào	직업학교 职业学校 zhíyèxuéxiào
사립학교 私立学校 sīlìxuéxiào	

 학교〈学校 xuéxiào〉교과목〈学科 xuékē〉

수학 数学 shùxué	중국어 汉语 Hànyǔ	영어 英语 Yīngyǔ
프랑스어 法语 fǎyǔ	라틴어 拉丁语 Lādīngyǔ	역사 历史 lìshǐ
사회 政治 zhèngzhì	지리 地理 dìlǐ	물리 物理 wùlǐ
화학 化学 huàxué	생물 生物 shēngwù	미술 美术 měishù
음악 音乐 yīnyuè	체육 体育 tǐyù	종교 宗教 zōngjiào
윤리 伦理 lúnlǐ		

 성적〈成绩 chéngjì〉

1 – 优 yōu 우	2 – 良 liáng 양	3 – 中 zhōng	4 – 差 chà

练习

Ⅰ. 다음 낱말을 중국어로 말해 보세요.

(1) 유아원 ＿＿＿＿＿＿＿＿ (6) 학생회장 ＿＿＿＿＿＿＿＿

(2) 초등학교 ＿＿＿＿＿＿＿＿ (7) 학교친구 ＿＿＿＿＿＿＿＿

(3) 중등학교 ＿＿＿＿＿＿＿＿ (8) 역사 ＿＿＿＿＿＿＿＿

(4) 대학(교) ＿＿＿＿＿＿＿＿ (9) 미술 ＿＿＿＿＿＿＿＿

(5) 교장 ＿＿＿＿＿＿＿＿ (10) 직업학교 ＿＿＿＿＿＿＿＿

Ⅱ. 다음 우리말을 중국어로 말해 보세요.

(1) 저는 중국어과 학생입니다.

＿＿＿＿＿＿＿＿＿＿＿＿＿＿＿＿＿＿＿

(2) 저는 북경대학에서 역사를 공부하고 있습니다.

＿＿＿＿＿＿＿＿＿＿＿＿＿＿＿＿＿＿＿

(3) 나는 일주일에 20시간 수업이 있습니다.

＿＿＿＿＿＿＿＿＿＿＿＿＿＿＿＿＿＿＿

(4) 중국어는 선택과목입니다.

＿＿＿＿＿＿＿＿＿＿＿＿＿＿＿＿＿＿＿

(5) 한국에서는 8살에 초등학교에 입학한다.

＿＿＿＿＿＿＿＿＿＿＿＿＿＿＿＿＿＿＿

15 은행 (银行 yínháng)

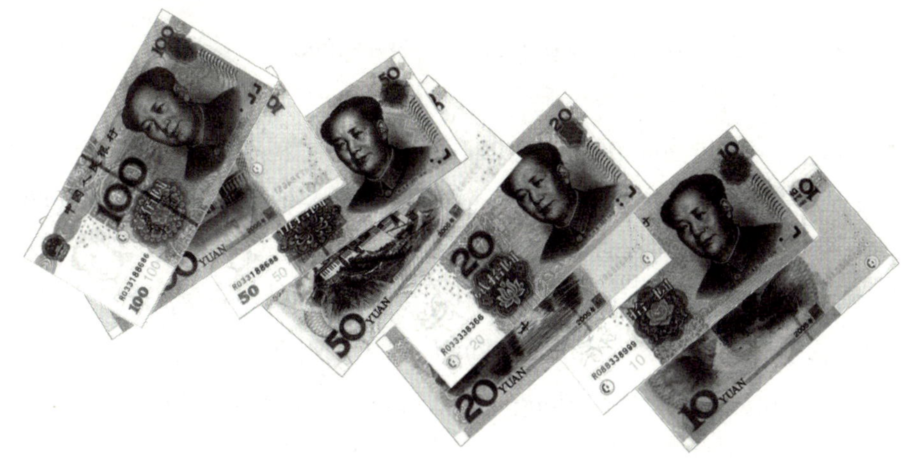

100元 yìbǎiyuán   50元 wǔshíyuán   20元 èrshíyuán   10元 shíyuán

在自动取款机 zài zìdòngqǔkuǎnjī

- 请把卡插进去。Qǐng bǎ kǎ chājìnqù。 (카드를 넣으세요.)
- 请输入密码。Qǐng shūrù mìmǎ。 (비밀번호를 입력하세요.)
- 请稍等。Qǐng shāoděng。 (잠시만 기다리세요.)
- 此卡无效。Cǐ kǎ wúxiào。
  (유효하지 않은 카드입니다.)
- 请输入提取金额。Qǐng shūrù tíqǔ jīn'é。
  (인출하실 금액을 입력하세요.)
- 请按确认按钮。Qǐng àn quèrèn ànniǔ。
  (확인 버튼을 누르세요.)
- 现在正在数钱。Xiànzài zhèngzài shǔqián。
  (지금 현금을 세고 있습니다.)
- 请把卡和收据收好。Qǐng bǎ kǎ hé shōujù shōuhǎo。
  (카드와 명세표를 받으세요.)
- 请收好现金。Qǐng shōuhǎo xiànjīn。
  (현금을 받으세요.)

통화 通货 tōnghuò	계좌 账户 zhànghù
수표 支票 zhīpiào	수표책 支票薄 zhīpiàobó
신용카드 信用卡 xìnyòngkǎ	직불카드 现金卡 xiànjīnkǎ
계좌번호 账号 zhànghào	

- 告诉我顾客的账号。**Gàosu wǒ gùkè de zhànghào。**
  (고객님의 계좌번호 부탁합니다.)

- 想开个账户。**Xiǎng kāi ge zhànghù。** (계좌를 개설하고 싶습니다.)

- 给我看一下护照或者身份证。**Gěi wǒ kàn yí xià hùzhào huòzhě shēnfènzhèng。** (제게 여권이나 신분증을 보여주세요.)

- 请填一下这个表。**Qǐng tián yí xià zhè ge biǎo。** (이 서류 양식을 채워주세요.)

- 在这下面签字。**Zài zhè xiàmian qiānzì。** (여기 아래에 서명하십시오.)

- 我想存1,000元人民币。**Wǒ xiǎng cún yìqiān yuán rénmínbì。**
  (저는 1,000원를 입금하겠습니다.)

- 我想取钱。**Wǒ xiǎng qǔqián。** (예금을 찾고 싶습니다.)

- 能给我交易明细单吗? **Néng gěi wǒ jiāoyì míngxìdān ma?**
  (계좌의 거래명세서를 받을 수 있나요?)

- 我想转账。**Wǒ xiǎng zhuǎnzhàng。** (돈을 이체하고 싶습니다.)

- 支票几乎没有了，需要新的支票薄。**Zhīpiào jīhū méiyǒu le, xūyào xīn de zhīpiàobó。** (수표가 거의 없습니다, 새 수표책이 필요합니다.)

예금통장 存折 cúnzhé	은행계좌 银行账户 yínháng zhànghù
은행코드 银行代码 yínhángdàimǎ	계좌번호 账号 zhànghào
금액 金额 jīn'é	동전 硬币 yìngbì
공제/원천징수 扣除/预扣 kòuchú/yùkòu	
송금/이체 汇款/转账 huìkuǎn/zhuǎnzhàng	
송금하다 汇款 huìkuǎn	이체하다 转账 zhuǎnzhàng
송금서류 汇款手续 huìkuǎn shǒuxù	수수료 手续费 shǒuxùfèi
수표 支票 zhīpiào	신용카드 信用卡 xìnyòngkǎ
액면금액 面额 miàn'é	이율 利率 lìlǜ
이자 利息 lìxī	입금하다 存款 cúnkuǎn

출금하다 取款 qǔkuǎn	잔고 余额 yú'é
지폐 纸币 zhǐbì	채권자 债权人 zhàiquánrén
채무자 债务人 zàiwùrén	합계금액 总额 zǒng'é
입출금 명세서 存取明细单 cúnqǔ míngxìdān	
자동이체 自动转账 zìdòng zhuǎngzhàng	
현금자동인출기 自动取款机 zìdòng qǔkuǎnjī	
현금 现金 xiànjīn	화폐 货币 huòbì
환율 换率 huànlǜ	환전 换钱 huànqián
환전창구 换钱窗口 huànqián chuāngkǒu	

习练

Ⅰ. 다음 낱말을 중국어로 말해 보세요.

(1) 계좌   ________________   (6) 이체하다   ________________

(2) 수표   ________________   (7) 잔고   ________________

(3) 신용카드   ________________   (8) 지폐   ________________

(4) 수수료   ________________   (9) 환율   ________________

(5) 채무자   ________________   (10) 환전   ________________

Ⅱ. 다음 우리말을 중국어로 말해 보세요.

(1) 잠시만 기다리세요.

____

(2) 계좌를 개설하고 싶습니다.

____

(3) 이 서류 양식을 작성해 주세요.

____

(4) 예금을 찾고 싶습니다.

____

(5) 돈을 송금하고 싶습니다.

____

우체국 (邮局 yóujú)

전보 电报 diànbào	택배 快递 kuàidì
택배 서비스 快递服务 kuàidìfúwù	포장 包装 bāozhuāng

포장하다 包装 bāozhuāng　　우편물 邮件 yóujiàn　　영수증 收据 shōujù

편지/소포에 우표를 붙이다 在信封上/包裹上贴邮票
zài xìnfēng shang/bāoguǒ shang tiē yóupiào

• 邮局在哪儿？ Yóujú zài nǎr?
 (우체국은 어디입니까?)

• 在哪儿能买邮票。Zài nǎr néng mǎi yóupiào?
 (우표는 어디에서 살 수 있습니까?)

• 请给这个信挂个号寄出去。Qǐng gěi zhè ge xìn guà ge hào jìchūqù。
 (이 편지를 등기로 부쳐 주세요.)

• 这个信想寄航空邮件。Zhè ge xìn xiǎng jì hángkōng yóujiàn。
 (이 편지를 항공편으로 보내고 싶습니다.)

• 邮费多少？ Yóufèi duōshao?
 (이 우편물의 요금은 얼마입니까?)

• 想以包裹的形式把这个寄出去。
 Xiǎng yǐ bāoguǒ de xíngshì bǎ zhè ge jìchūqù。
 (이것을 소포로 보내고 싶습니다.)

• 包裹里边是什么？ Bāoguǒ lǐbiān shì shénme?
 (이 소포 안에는 무엇이 들어 있습니까?)

• 超出了基本重量，需要加钱。Chāochū le jīběn zhòngliàng, xūyào jiāqián。
 (기본 중량이 조금 초과되었습니다, 돈을 더 지불하셔야 합니다.)

• 到韩国得多长时间？ Dào Hánguó děi duōcháng shíjiān?
 (한국까지 얼마나 걸립니까?)

우편요금	邮费 yóufèi
우편요금 무료	免邮费 miǎnyóufèi
발송인 부담으로	发件人付钱 fājiànrén fùqián
수취인 부담으로	收取人付钱 shōuqǔrén fùqián
등기로	挂号 guàhào
속달	快件 kuàijiàn
항공우편으로	空运 kōngyùn
선편으로	海运 hǎiyùn
소포	包裹 bāoguǒ
소형 소포 (2kg 이하의 경량)	小型包裹 xiǎoxíng bāoguǒ

Ⅰ. 다음 낱말을 중국어로 말해 보세요.

    (1) 발신인   _______________________

    (2) 편지봉투   _______________________

    (3) 소포   _______________________

    (4) 우체통   _______________________

    (5) 수신인   _______________________

    (6) 우편엽서   _______________________

    (7) 우표   _______________________

    (8) 포장   _______________________

    (9) 영수증   _______________________

    (10) 등기   _______________________

Ⅱ. 다음 우리말을 중국어로 말해 보세요.

(1) 우체국이 어디에 있습니까?

____

(2) 어디에서 우표를 살 수 있습니까?

____

(3) 이것을 소포로 보내고 싶습니다.

____

(4) 이 소포에 무엇이 들어있습니까?

____

(5) 돈을 더 지불하셔야 합니다.

____

스포츠 (体育 tǐyù)

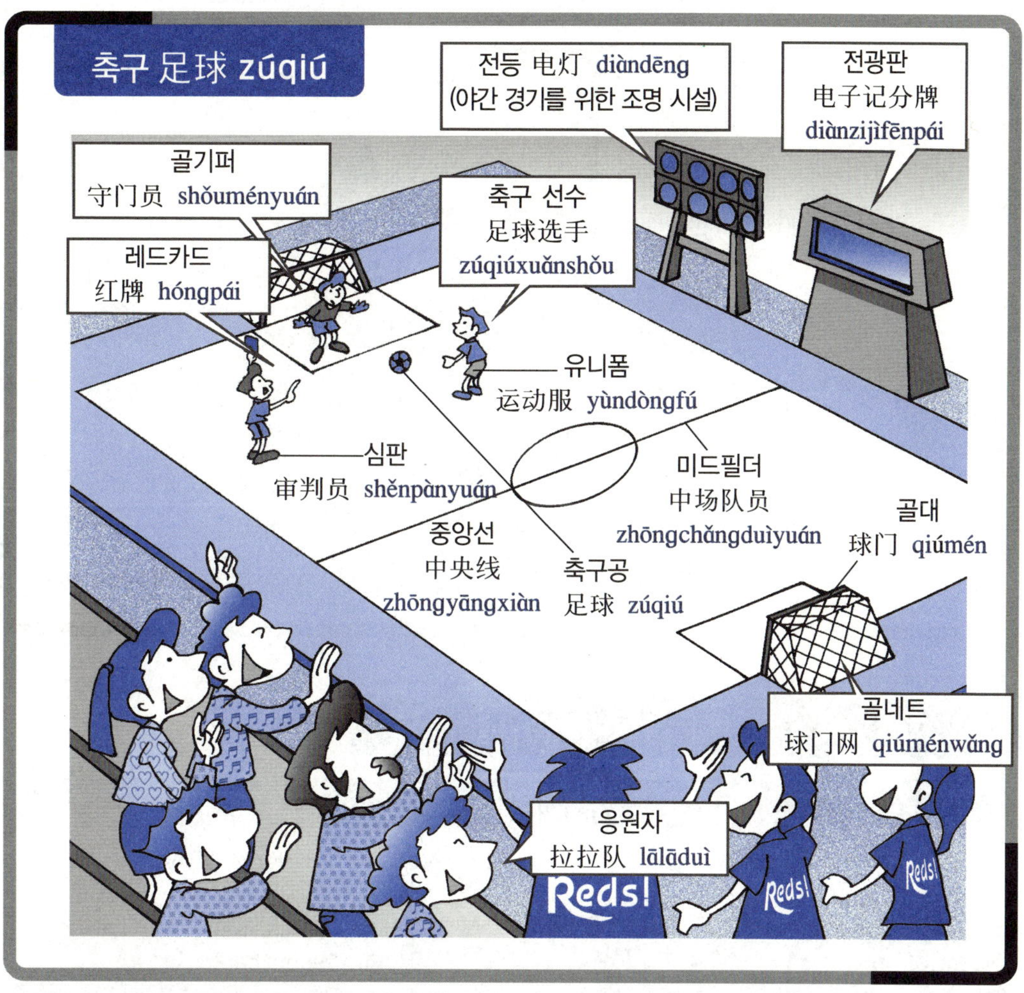

페널티 에어리어 禁区 jìnqū	잔디 草坪 cǎopíng
관중들 观众 guānzhòng	월드컵 世界杯 shìjièbēi
관중석 观众席 guānzhòngxí	코치 教练 jiàoliàn
하프타임 中场休息 zhōngchǎngxiūxi	선수 选手 xuǎnshǒu
연장 延长 yáncháng	경기 比赛 bǐsài
페널티 罚球 fáqiú	자살골 乌龙球 wūlóngqiú
업사이드 界外球 jièwàiqiú	옐로우카드 黄牌 huángpái
슈팅 射门 shèmén	득점하다 得分 défēn
국가대표 축구팀 国家代表足球队 guójiādàibiǎozúqiúduì	

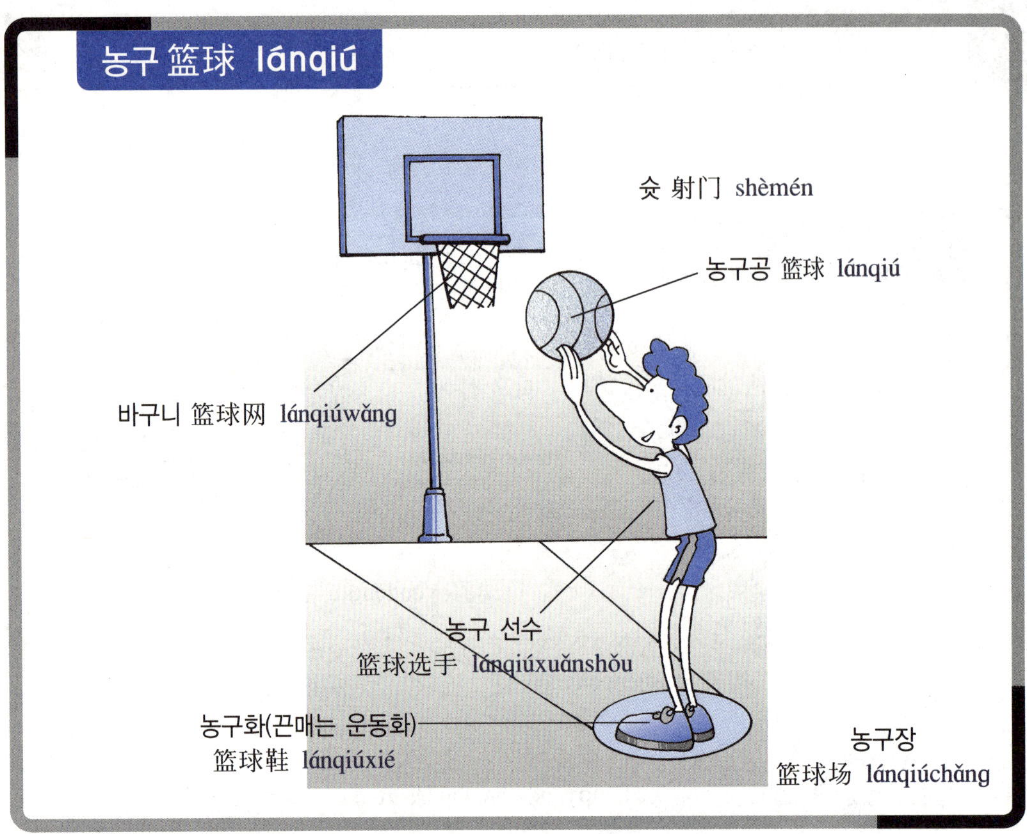

운동 종목〈运动项目 yùndòngxiàngmù〉

运动选手 yùdòngxuǎnshǒu(행위자/선수:)

羽毛球 yǔmáoqiú 배드민턴	羽毛球选手 yǔmáoqiúxuǎnshǒu
棒球 bàngqiú 야구	棒球选手 bàngqiúxuǎnshǒu
篮球 lánqiú 농구	篮球选手 lánqiúxuǎnshǒu
台球 táiqiú 당구	台球选手 táiqiúxuǎnshǒu
冰球 bīngqiú 아이스하키	冰球选手 bīngqiúxuǎnshǒu
足球 zúqiú 축구	足球选手 zúqiúxuǎnshǒu
高尔夫球 gāo'ěrfūqiú 골프	高尔夫选手 gāo'ěrfūqiúxuǎnshǒu
手球 shǒuqiú 핸드볼	手球选手 shǒuqiúxuǎnshǒu
曲棍球 qǔgùnqiú 하키	曲棍球选手 qǔgùnqiúxuǎnshǒu
板球 bǎnqiú 크리켓	板球选手 bǎnqiúxuǎnshǒu
橄榄球 gǎnlǎnqiú 럭비	橄榄球选手 gǎnlǎnqiúxuǎnshǒu
壁球 bìqiú 스쿼시	壁球选手 bìqiúxuǎnshǒu
网球 wǎngqiú 테니스	网球选手 wǎngqiúxuǎnshǒu
乒乓球 pīngpāngqiú 탁구	乒乓球选手 pīngpāngqiúxuǎnshǒu
排球 páiqiú 배구	排球选手 páiqiúxuǎnshǒu

(～하다)

健美操 jiànměicāo 에어로빅	合气道 héqìdào 합기도
钓鱼 diàoyú 낚시	拉力赛 lālìsài 랠리자동차경주
赛车 sàichē 자동차 경주	热气球 rèqìqiú 열기구
登山 dēngshān 등산	射击 shèjī 양궁
射击选手 shèjīxuǎnshǒu 양궁 선수	保龄球 bǎolíngqiú
拳击 quánjī 권투	铁饼 tiěbǐng 원반
花样滑冰 huāyànghuábīng 피겨스케이트	速滑 sùhuá 스피드스케이트
击剑 jījiàn 펜싱	举重 jǔzhòng 역도
滑翔 huáxiáng 행글라이더	跳高 tiàogāo 높이 뛰기
旱冰鞋 hànbīngxié 인라인 스케이팅	慢跑 mànpǎo 조깅
柔道 róudào 유도	武术 wǔshù 무술
空手道 kōngshǒudào 가라데	掷铅球 zhìqiānqiú 포환던지기
田径 tiánjìng 육상	摩托车比赛 mótuōchēbǐsài 오토바이 경주
飞镖 fēibiāo 다트	自行车比赛 zìxíngchēbǐsài 사이클
骑马 qímǎ 승마	旱冰鞋 hànbīngxié 롤러스케이트
赛艇 sàitǐng 조정	滑冰 huábīng 스케이트
跑步 pǎobù 달리기	游泳 yóuyǒng 수영
帆船 fānchuán 범선	滑雪 huáxuě 스키
冲浪 chōnglàng 서핑	太极拳 tàijíquán 태권도
舞蹈 wǔdǎo 댄스	潜水 qiánshuǐ 잠수
远足 yuǎnzú 하이킹	滑水 huáshuǐ 수상스키
水上运动 shuǐshàngyùndòng 수상스포츠	跳远 tiàoyuǎn 넓이 뛰기
帆板运动 fānbǎnyùndòng 윈드서핑	冬季运动 dōngjìyùndòng 동계스포츠
摔跤 shuāijiāo 레슬링	

 ## 운동선수들〈运动选手 yōudōng xuǎnshǒu〉

권투선수 拳击选手 quánjīxuǎnshǒu	수영선수 游泳选手 yóuyǒngxuǎnshǒu
승마선수 骑马选手 qímǎxuǎnshǒu	역도선수 举重选手 jǔzhòngxuǎnshǒu
육상선수 田径选手 tiánjìngxuǎnshǒu	잠수부 潜水员 qiánshuǐyuán
축구선수 足球选手 zúqiúxuǎnshǒu	
자전거 경주자 赛车选手 sàichēxuǎnshǒu	
레슬링선수 摔跤选手 shuāijiāoxuǎnshǒu	
테니스선수 网球选手 wǎngqiúxuǎnshǒu	

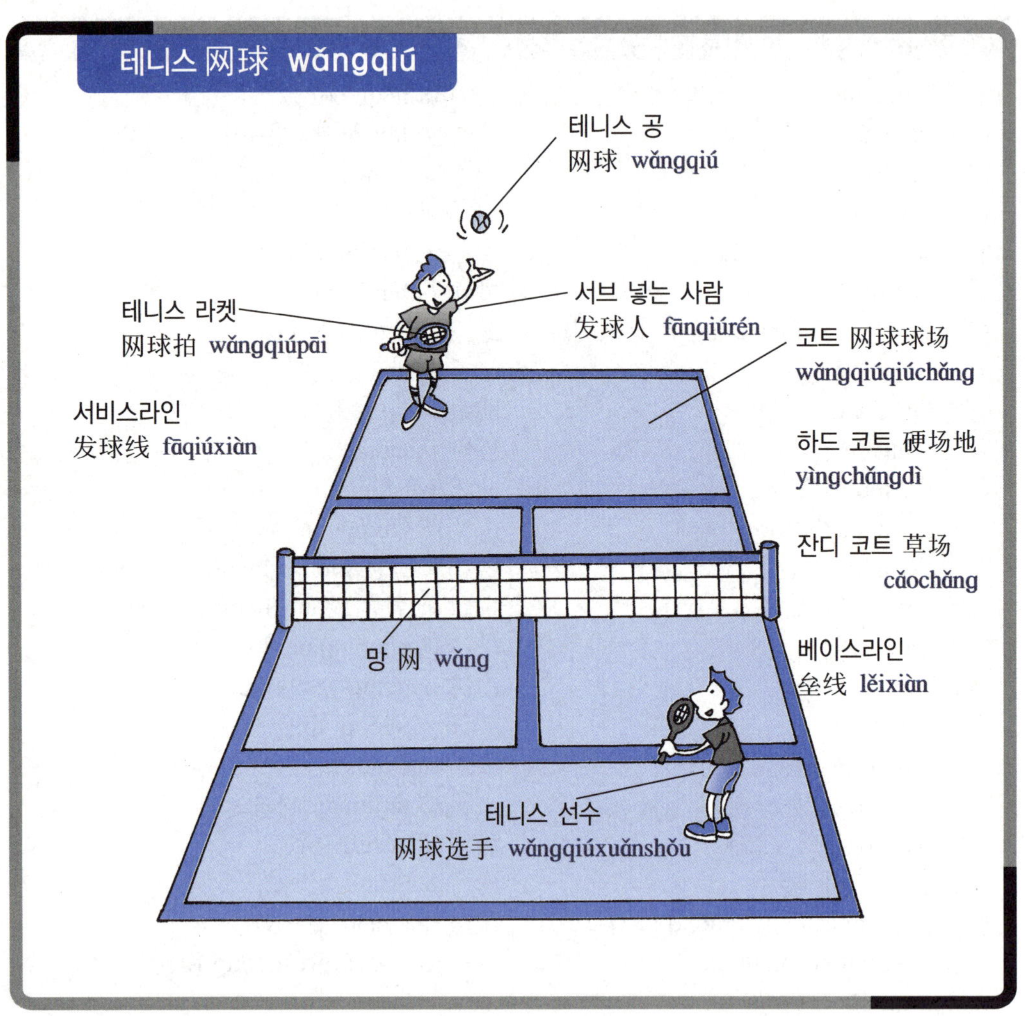

테니스 공 网球 wǎngqiú	테니스 클럽 网球俱乐部 wǎngqiújùlèbù
테니스 코트 网球场地 wǎngqiúchǎngdì	테니스 라켓 网球拍 wǎngqiúpāi
테니스 강사 网球讲师 wǎngqiújiǎngshī	테니스 경기 网球比赛 wǎngqiúbǐsài
테니스 선수 网球选手 wǎngqiúxuǎnshǒu	
테니스 대회 网球大会 wǎngqiúdàhuì	

실내 테니스 室内网球比赛 shìnèi wǎngqiú bǐsài
잔디 테니스 露天网球比赛 lùtiān wǎngqiú bǐsài

남자단식	男子单打比赛	nánzi dāndǎ bǐsài
여자단식	女子单打比赛	nǚzi dāndǎ bǐsài
남자복식	男子双打比赛	nánzi shuāngdǎ bǐsài
여자복식	女子双打比赛	nǚzi shuāngdǎ bǐsài

듀스	平局	píngjú		게임	比赛	bǐsài
매치	赛点	sàidiǎn		세트	局	jú
세트포인트	局点	júdiǎn		서브 지역	发球区	fāqiúqū
서브	发球	fāqiú		스트로크	打法	dǎfǎ
발리	截击球	jiéjīqiú		하프발리	推挡球	tuīdǎngqiú
로브	吊高球	diàogāoqiú		드라이브	抽球	chōuqiú
톱스핀	上旋球	shàngxuánqiú		슬라이스	发削球	fāxiāoqiú
드롭샷	短球	duǎnqiú		스매시	扣球	kòuqiú
어드밴티지	优势分	yōushìfēn		아웃	界外球	jièwàiqiú
앨리	狭长地带	xiáchángdìdài		에이스	发球得分	fāqiúdéfēn
수영하다	游泳	yóuyǒng		올라가다	上去	shàngqu
잠수하다	潜水	qiánshuǐ		달리다	跑	pǎo
뛰다	跑	pǎo		기어오르다	向上爬	xiàngshàngpá
패달을 밟다	踩脚踏板	cǎijiǎotàbǎn		훈련하다	训练	xùnliàn

• 做运动吗？ **Zuò yùndòng ma?** (운동을 하십니까?)
 – 打网球。 **Dǎ wǎngqiú。** (테니스를 칩니다.)

• 喜欢做运动吗？ **Xǐhuān zuò yùndòng ma?** (운동을 즐기십니까?)
 – 不，我不喜欢运动。 **Bù, wǒ bù xǐhuān yùndòng。**
　(아니오, 나는 운동 싫어합니다.)
 – 不，我几乎不做运动。 **Bù, wǒ jīhū bú zuò yùndòng。**
　(아니오, 나는 운동 거의 안 합니다.)

• 喜欢做什么运动？ **Xǐhuān zuò shénme yùndòng?** (어떤 운동을 즐겨 하십니까?)
 – 我喜欢游泳。 **Wǒ xǐhuān yóuyǒng。** (저는 수영을 좋아합니다.)

－我喜欢足球/打网球/打乒乓球。

Wǒ xǐhuān zúqiú/dǎ wǎngqiú/dǎ pīngpāngqiú

(저는 축구/테니스/탁구를 좋아합니다.)

－我喜欢骑自行车/滑雪。Wǒ xǐhuān qí zìxíngchē/huáxuě。

(저는 자전거/스키 타기를 좋아합니다.)

－我喜欢骑马。Wǒ xǐhuān qímǎ。(저는 승마를 좋아합니다.)

Ⅰ. 다음 낱말을 중국어로 말해 보세요.

(1) 골키퍼　　　　　　　　　　________________

(2) 레드카드　　　　　　　　　________________

(3) 관중　　　　　　　　　　　________________

(4) 월드컵　　　　　　　　　　________________

(5) (축구)슈팅　　　　　　　　________________

(6) 등산　　　　　　　　　　　________________

(7) 하이킹　　　　　　　　　　________________

(8) 역도　　　　　　　　　　　________________

(9) 펜싱　　　　　　　　　　　________________

(10) 무술　　　　　　　　　　________________

Ⅱ. 다음 우리말을 중국어로 말해 보세요.

(1) 운동을 좋아하십니까?

____

(2) 아니오, 저는 운동을 거의 하지 않습니다.

____

(3) 저는 테니스 치는 것을 좋아합니다.

____

(4) 저는 자전거 타기를 좋아합니다.

____

(5) 저는 스키 타기를 좋아합니다.

____

취미 (爱好 àihào)

우표수집하다
收集邮票 shōují yóupiào

낚시하다
钓鱼 diàoyú

사냥하다
狩猎 shǒuliè

사진찍다
摄影 shèyǐng

그림을 그리다
画画儿 huàhuàr

범선을 항해하다
航行帆船 hángxíngfānchuán

등산하다
登山 dēng shān

도자기를 만들다
做陶瓷 zuò táocí

뜨개질하다　　　실타래
织毛衣 zhī máoyī　　线团 xiàntuán

연을 날리다
放风筝 fàng fēngzheng

영화관에 가다
去电影院 qù diànyǐngyuàn

극장에 가다
去剧场 qù jùchǎng

화초가꾸다
养花 yǎng huā

카드놀이하다
打扑克 dǎ pūkè

체스하다
下国际象棋 xià guójìxiàngqí

바이올린 연주하다
拉小提琴 lā xiǎotíqín

목공일하다
做木匠活 zuò mùjianghuó

컴퓨터 오락을 하다
玩电脑游戏 wán diànnǎoyóuxì

• 你闲暇时都做什么？Nǐ xiánxiá shí dōu zuò shénme?
(여가시간에는 무엇을 하십니까?)
  - 闲暇时我喜欢自己呆着。Xiánxiá shí wǒ xǐhuā zìjǐ dāi zhe。
    (나는 혼자서 여가시간을 보내기를 좋아한다.)
  - 闲暇时我喜欢去电影院/剧场/博物馆/演奏会。
    Xiánxiá shí wǒ xǐhuān qù diànyǐngyuàn/jùchǎng/bówùguǎn/yǎnzòuhuì。
    (저는 여가시간에 영화관/극장/박물관/연주회에 가는 것을 좋아합니다.)

• 你的爱好是什么？Nǐ de àihào shì shénme?
(네 취미가 뭐니?)
  - 我喜欢听音乐。Wǒ xǐhuān tīng yīnyuè。
    (나는 음악 듣는 것을 좋아해.)
  - 我喜欢去跳舞。Wǒ xǐhuān qù tiàowǔ。
    ((나는 춤추러 가는 것을 좋아해.)
  - 我喜欢跳萨尔萨舞/曼波舞/探戈舞
    Wǒ xǐhuān tiào sà'ěrsàwǔ/mànbōwǔ/tàngēwǔ
    (나는 살사/맘보/탱고 추는 것을 좋아해.)
  - 我喜欢读书。Wǒ xǐhuān dúshū。
    (나는 독서를 좋아해.)
  - 我喜欢外出。Wǒ xǐhuān wàichū。
    (나는 외출을 좋아해.)

• 我喜欢听音乐。Wǒ xǐhuān tīng yīnyuè。
  (음악 듣는 것 좋아해요?)

• 我喜欢做运动。Wǒ xǐhuān zuò yùndòng。
  (운동하는 것 좋아해.)

• 我弹钢琴/下围棋/踢足球。Wǒ tán gāngqín/xià wéiqí/tī zúqiú。
  (나는 피아노를 연주한다/바둑을 둔다/축구를 한다.)

I. 다음 표현을 중국어로 말해 보세요.

(1) 낚시하다　　　　＿＿＿＿＿＿＿＿＿＿

(2) 그림을 그리다　　＿＿＿＿＿＿＿＿＿＿

(3) 등산을 하다　　　＿＿＿＿＿＿＿＿＿＿

(4) 영화관에 가다　　＿＿＿＿＿＿＿＿＿＿

(5) 화초를 가꾸다　　＿＿＿＿＿＿＿＿＿＿

(6) 체스하다　　　　＿＿＿＿＿＿＿＿＿＿

(7) 컴퓨터 오락을 하다　＿＿＿＿＿＿＿＿＿

(8) 뜨개질하다　　　＿＿＿＿＿＿＿＿＿＿

II. 다음 우리말을 중국어로 말해 보세요.

(1) 여가시간에는 무엇을 하십니까?

＿＿＿＿＿＿＿＿＿＿＿＿＿＿＿＿＿＿＿＿

(2) 취미가 무엇입니까?

＿＿＿＿＿＿＿＿＿＿＿＿＿＿＿＿＿＿＿＿

(3) 저는 음악 듣는 것을 좋아합니다.

＿＿＿＿＿＿＿＿＿＿＿＿＿＿＿＿＿＿＿＿

(4) 저는 수영을 즐깁니다.

＿＿＿＿＿＿＿＿＿＿＿＿＿＿＿＿＿＿＿＿

(5) 제 취미는 등산입니다.

＿＿＿＿＿＿＿＿＿＿＿＿＿＿＿＿＿＿＿＿

부엌 용품 (厨房用具 chúfáng yòngjù)

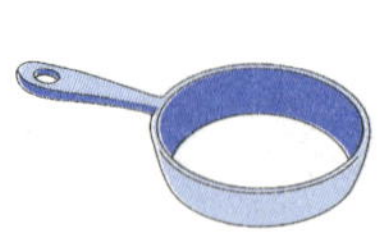
프라이팬
平底煎锅
píngdǐjiānguō

남비
小锅 **xiǎoguō**

남비뚜껑
小锅盖 **xiǎoguōgài**

압력솥
压力锅 **yālìguō**

여과장치 된 커피포트
带过滤的咖啡壶
dài guòlǜ de kāfēihú

믹서기
榨汁机 **zhàzhījī**

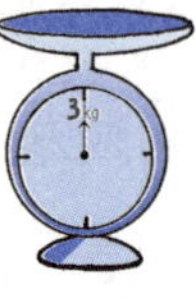
저울
称 **chèng**

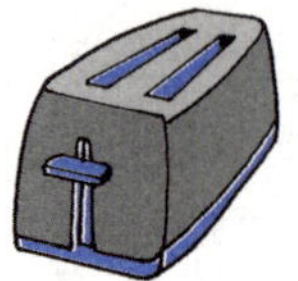
토스터
面包机 **miànbāojī**

머그잔
磨砂杯 **móshābēi**

병따개
起子 **qǐzi**

포도주따개
葡萄酒起子 **pútaojiǔ qǐzi**

주전자
水壶 **shuǐhú**

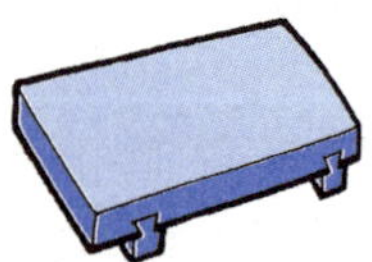
도마
菜板 **càibǎn**

우묵한 샐러드접시
凹陷的沙拉盘
āoxiàn de shālāpán

국자
汤勺 **tāngsháo**

야채의 물을 빼는 그릇
菜篮 **càilán**

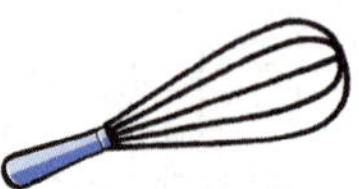
계란 휘젓는 교반기
打蛋机 **dǎdànjī**

계량컵
量杯 **liángbēi**

가위 剪子 jiǎnzi	앞치마 围裙 wéiqún	강판 菜板 càibǎn
주방용 세제 洗涤剂 xǐdíjì	깔때기 漏斗 lòudǒu	식기 餐具 cānjù
식기 세트 成套餐具 chéngtàocānjù		개수대 水槽 shuǐcáo
수세미 刷子 shuāzi	철수세미 铁刷 tiěshuā	공기(밥) 碗 wǎn

쓰레기통 垃圾桶 lājītǒng　　냅킨 餐巾纸 cānjīnzhǐ
가스레인지 煤气灶 méiqìzào　　전기레인지 电灶 diànzào
전자레인지 微波炉 wēibōlú　　냉장고 电冰箱 diànbīngxiāng
냉동실 冷冻室 lěngdòngshì　　레몬압착기 柠檬压榨机 níngméngyāzhàjī
스펀지 海绵 hǎimián　　세탁기 洗衣机 xǐyījī
붙박이장 壁橱 bìchú　　수도꼭지 水龙头 shuǐlóngtóu
쓰레기 垃圾 lājī　　식기세척기 洗碗机 xǐwǎnjī
숟가락 饭勺 fànsháo　　티스푼 茶匙 cháchí
수프 그릇 汤碗 tāngwǎn　　오븐 烤炉 kǎolú
요리하다 烹饪 pēngrèn　　설거지하다 刷碗 shuāwǎn
식탁보 桌布 zhuōbù　　접시 碟子 diézi
젓가락 筷子 kuàizi　　쟁반 托盘 tuōpán
포크 叉子 chāzi　　찬장 碗柜 wǎnguì
칼 刀 dāo　　테이블 餐桌 cānzhuō
유리 컵/잔 玻璃杯 bōlibēi　　후드 抽油烟机 chōuyóyānjī
(손잡이 없는) 컵 (没有手把的)杯子 (méiyǒu shǒubà de)bēizi
소켓 灯头 dēngtóu　　커피 잔 咖啡杯 kāfēibēi
가열 판 加热板 jiārèbǎn　　젖은 행주 湿抹布 shīmābù
마른 행주 干抹布 gānmābù
(빵 자르는 톱니) 칼 (切面包的)刀 (qiē miànbāo de)dāo
한 벌의 스푼, 나이프, 포크 一套勺, 刀, 叉子 yí tào sháo, dāo, chāzi

- 我很喜欢做菜。Wǒ hěn xǐhuān zuò cài。(나는 요리하는 것을 무척 좋아한다.)
- ～是很优秀的厨师。~shì hěn yōuxiù de chúshī。
  (～은 훌륭한 요리사이다.)
- ～是专业的厨师。~shì zhuānyè de chúshī。(～은 전문요리사이다.)

- 今天晚上想吃点儿什么？ Jīntiān wǎnshang xiǎng chī diǎnr shénme?
  (오늘 저녁에 뭘 먹고 싶어요?)
- 我做饭，一会儿你刷碗。 Wǒ zuòfàn, yíhuìr nǐ shuāwǎn。
  (내가 요리할게, 너는 나중에 설거지해.)
- 我做什么呢？ Wǒ zuò shénme ne?
  (제가 무엇을 할까요?)
- 我准备巧克力蛋糕，你沏茶。 Wǒ zhǔnbèi qiǎokèlì dàngāo, nǐ qīchá。
  (나는 초코케이크를 준비할 테니, 넌 차를 끓여라.)
- 你会做蛋糕吗？ Nǐ huì zuò dàngāo ma?
  (너 케이크를 만들 수 있니?)
- 有没有插咖啡机的插座。 Yǒumeiyǒu chā kāfēijī de chāzuò。
  (커피메이커를 꽂을 수 있는 콘센트가 있어요?)

어떻게 할까요? 〈怎么办 zěnmebàn〉

끓이다 烧 shāo	삶다 煮 zhǔ	(빵, 케이크를) 굽다 烤 kǎo
(고기를) 굽다 烤 kǎo	(기름에) 튀기다 炸 zhá	데치다 焯 chāo
익히다 煮熟 zhǔshú	섞다 拌 bàn	휘젓다 搅拌 jiǎobàn
고추를 넣다 放辣椒 fàng làjiāo		소금을 치다 放盐 fàngyán
양념하다 放作料 fàng zuóliào		자르다 切 qiē
잘게 다지다 细切 xì qiē		후추를 치다 放胡椒 fànghújiāo
껍질을 벗기다 剥皮 bāo pí		녹이다 化冻 huàdòng

달걀 〈鸡蛋 jīdàn〉

삶은 달걀 煮蛋 zhǔdàn	완숙 달걀 全熟蛋 quánshúdàn
반숙 달걀 半熟蛋 bànshúdàn	달걀 프라이 荷包蛋 hébāodàn
스크램블 에그 炒蛋 chǎodàn	오믈렛 煎蛋饼 jiāndànbǐng

习练

Ⅰ. 다음 낱말을 중국어로 말해 보세요.

(1) 냄비　　　　　　　________________

(2) 압력솥　　　　　　________________

(3) 병따개　　　　　　________________

(4) 포도주따개　　　　________________

(5) 국자　　　　　　　________________

(6) 주방용 세제　　　　________________

(7) 개수대　　　　　　________________

(8) 냉장고　　　　　　________________

(9) 전기레인지　　　　________________

(10) 쟁반　　　　　　　________________

Ⅱ. 다음 우리말을 중국어로 말해 보세요.

(1) 나는 요리하는 것을 좋아한다.

____

(2) 제가 무엇을 할까요?

____

(3) 무엇을 드시고 싶습니까?

____

(4) 나는 설거지하기를 좋아하지 않는다.

____

(5) 내가 케이크를 만들게.

____

집안용품 (室内用品 shìnèi yòngpǐn) / 개인용품 (个人用品 gèrén yòngpǐn)

다리미 熨斗 yùndǒu

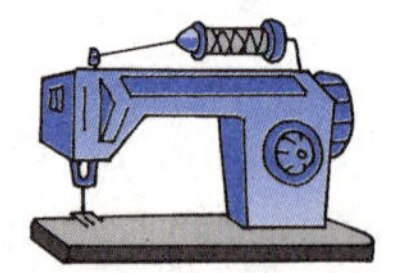

재봉틀 缝纫机 féngrènjī

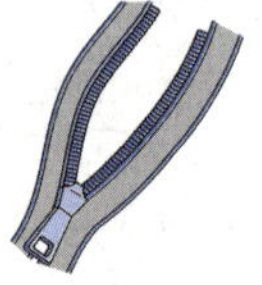

지퍼 拉锁 lāsuǒ

진공 청소기
真空吸尘器 zhēnkōngxīchénqì

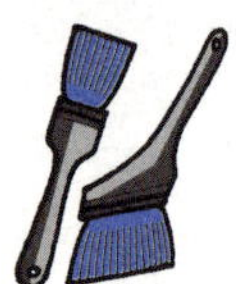

붓 毛笔 máobǐ

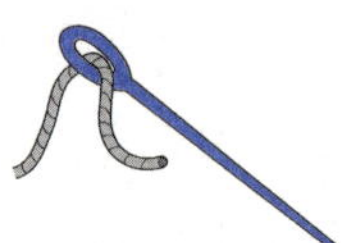

바늘/실
针线 zhēnxiàn

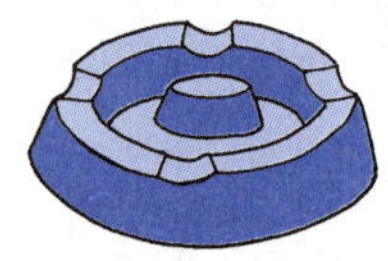

재떨이
烟灰缸 yānhuīgāng

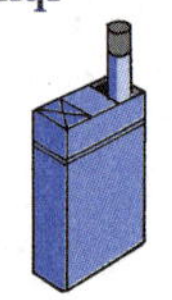

담배 烟 yān
담배 한 갑 一盒烟 yì hé yān

라이터 打火机 dǎhuǒjī

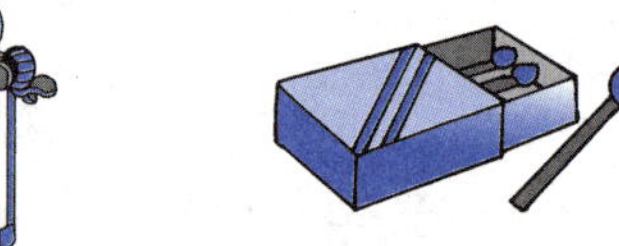

성냥
火柴 huǒcái

백열전구
灯炮 dēngpào

빗 木梳 mùshū

브러쉬 刷子 shuāzi

쓰레기통
垃圾桶 lājītǒng

자명종
闹钟 nàozhōng

버튼
按钮 ànniǔ
바늘
针 zhēn
유리판
玻璃板 bōlibǎn

플러그 插头 chātóu
전기 스위치 开关 kāiguān

전화 电话 diànhuà

옷핀 别针 biézhēn

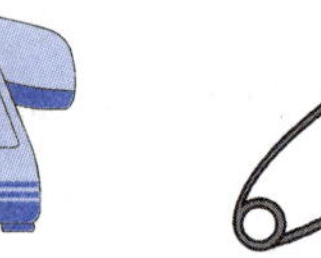

열쇠 钥匙 yàoshi
열쇠구멍 锁孔 suǒkǒng

망치 锤子 chuízi

거울 镜子 jìngzi

빗자루
扫帚 sàozhou

- 能借一下火吗？ **Néng jiè yí xià huǒ ma?** (불 좀 빌릴 수 있을까요?)
- 请给我们烟灰缸。 **Qǐng gěi wǒmen yānhuīgāng。** (재떨이 좀 가져다주세요.)
- 我把闹钟定到了5点。 **Wǒ bǎ nàozhōng dìngdào le wǔdiǎn。**
  (나는 자명종을 5시에 맞췄다.)
- 开关在哪儿？ **Kāiguān zài nǎr?** (스위치가 어디 있지?)
- 你有针线的话，我就能补那个洞。
  Nǐ yǒu zhēnxiàn de huà, wǒ jiù néng bǔ nà ge dòng。
  (네가 실과 바늘을 가지고 있으면 내가 그 구멍을 때울 수 있다.)
- 她天天照镜子。 **Tā tiāntian zhào jìngzi。** (그녀는 만날 거울을 본다.)

習練

Ⅰ. 다음 낱말을 중국어로 말해 보세요.

(1) 다리미 ＿＿＿＿＿＿＿＿　(6) 옷핀 ＿＿＿＿＿＿＿＿
(2) 진공청소기 ＿＿＿＿＿＿＿＿　(7) 열쇠 ＿＿＿＿＿＿＿＿
(3) 라이터 ＿＿＿＿＿＿＿＿　(8) 빗자루 ＿＿＿＿＿＿＿＿
(4) 자명종 ＿＿＿＿＿＿＿＿　(9) 거울 ＿＿＿＿＿＿＿＿
(5) 전기 스위치 ＿＿＿＿＿＿＿＿　(10) 버튼 ＿＿＿＿＿＿＿＿

Ⅱ. 다음 우리말을 중국어로 말해 보세요.

(1) 불 좀 빌릴 수 있을까요?

＿＿＿＿＿＿＿＿＿＿＿＿＿＿＿＿＿＿＿＿＿＿＿＿

(2) 나는 자명종을 7시에 맞췄다.

＿＿＿＿＿＿＿＿＿＿＿＿＿＿＿＿＿＿＿＿＿＿＿＿

(3) 내 열쇠가 어디 있지?

＿＿＿＿＿＿＿＿＿＿＿＿＿＿＿＿＿＿＿＿＿＿＿＿

(4) 그는 거울을 자주 본다.

＿＿＿＿＿＿＿＿＿＿＿＿＿＿＿＿＿＿＿＿＿＿＿＿

(5) 다리미 좀 가져다 주세요.

＿＿＿＿＿＿＿＿＿＿＿＿＿＿＿＿＿＿＿＿＿＿＿＿

21 욕실 (浴室 yùshì)

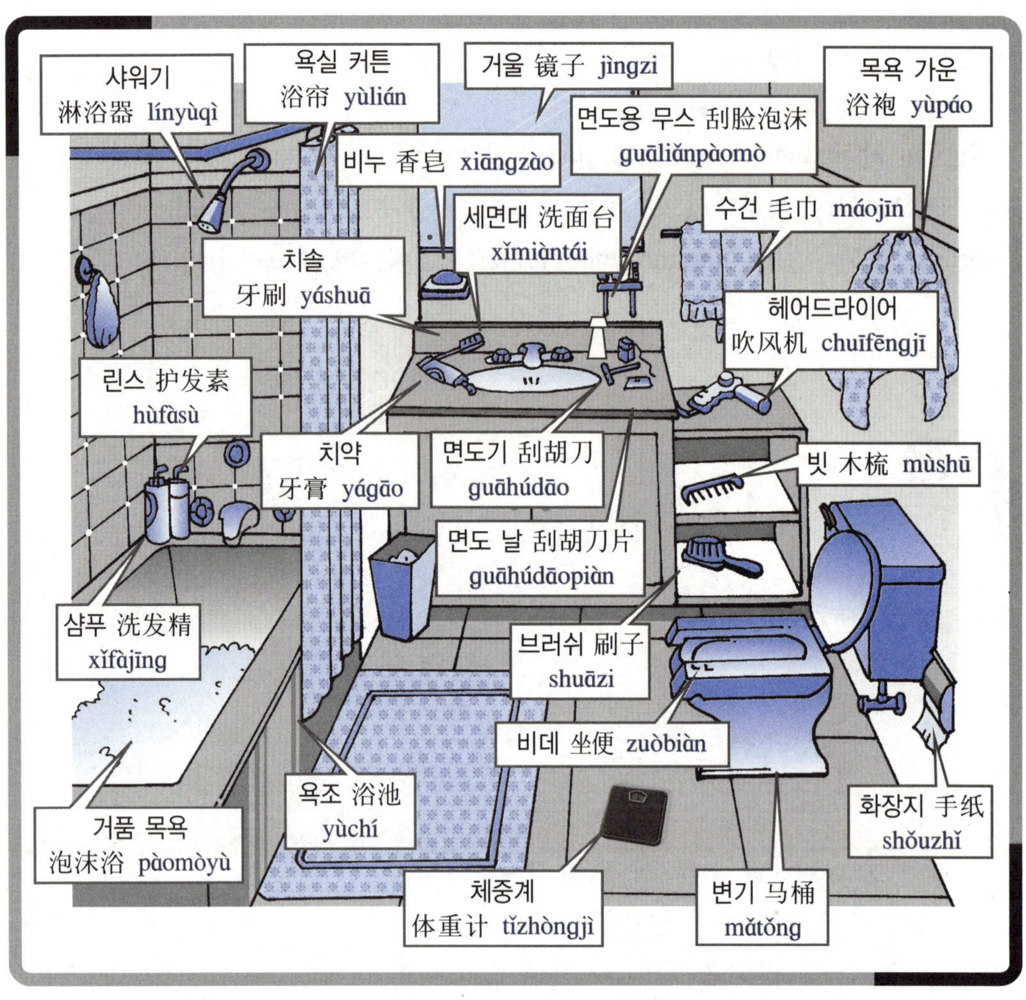

더운물 热水 rèshuǐ	찬물 凉水 liángshuǐ	플러그 插头 chātóu
소켓 灯座 dēngzuò	마개 盖儿 gàir	형광등 日光灯 rìguāngdēng
치실 牙线 yáxiàn	자동칫솔 电动牙刷 diàndòngyáshuā	
손톱깎이 指甲刀 zhǐjiǎdāo	바디로션 润肤液 rùnfūyè	
헤어스프레이 发胶 fàjiāo	샤워 젤 沐浴乳 mùyùrǔ	
빨래집게 晒衣夹 shàiyījiā	빨래바구니 脏衣篮 zāngyīlán	
빨랫줄 晒衣绳 shàiyīshéng	건조대 晒衣架 shàiyījià	

他照镜子刮脸。
Tā zhào jìngzi guāliǎn。
(그가 거울을 보고 면도한다.)

他洗脸。**Tā xǐliǎn。**
(그가 세수한다.)

她化妆。**Tā huàzhuāng。**
(그녀가 화장한다.)

他淋浴。**Tā línyù。**
(그가 샤워한다.)

他泡澡。**Tā pàoǎo。**
(그가 목욕한다.)

Ⅰ. 다음 낱말을 중국어로 말해 보세요.

(1) 비누 ___________________________

(2) 칫솔 ___________________________

(3) 면도기 ___________________________

(4) 샴푸 ___________________________

(5) 체중계 ___________________________

(6) 욕조 ___________________________

(7) 화장지 ___________________________

(8) 린스 ___________________________

(9) 빨래집게 ___________________________

(10) 건조대 ___________________________

Ⅱ. 다음 우리말을 중국어로 말해 보세요.

(1) 나는 매일 아침 면도를 한다.

____

(2) 나는 욕실에서 세수를 한다.

____

(3) 그녀가 거울 앞에서 화장을 한다.

____

(4) 나는 매일 샤워한다.

____

(5) 매일 저녁 나는 목욕을 한다.

____

자동차 (汽车 qìchē) / 전철 (地铁 dìtiě) / 자전거 (自行车 zìxíngchē)

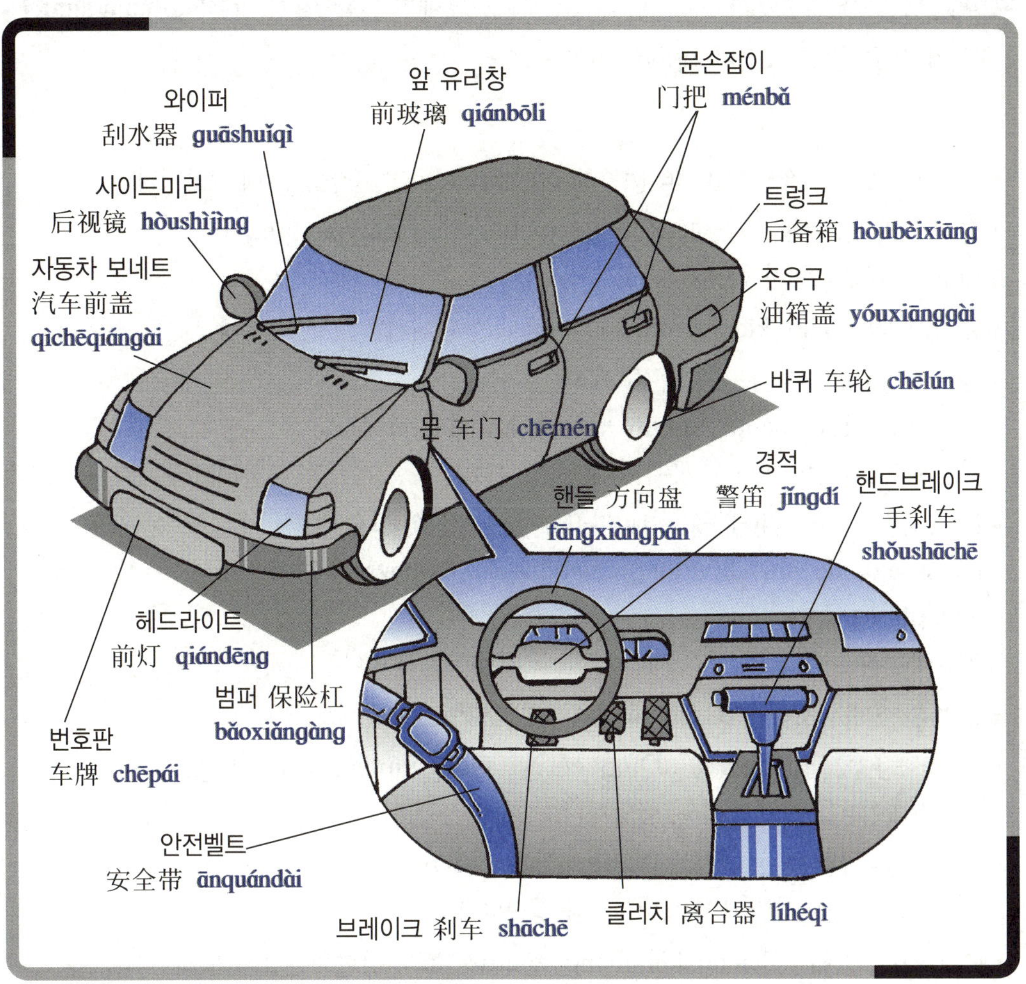

깜빡이등 散光灯 sǎnguāngdēng	열쇠구멍 钥匙逢 yàoshifēng
라디오 收音机 shōuyīnjī	모터 电动机 diàndòngjī
스페어타이어 备用轮胎 bèiyònglúntāi	배터리 电池 diànchí
라디에이터 散热器 sànrèqì	백미러 后视镜 hòushìjìng
에어컨 空调 kōngtiáo	배기관 排气管 páiqìguǎn
머플러 消音器 xiāoyīnqì	속도계 车速表 chēsùbiǎo
선루프 汽车天窗 qìchētiānchuāng	그릴 快餐车 kuàicānchē

한국어	중국어	한국어	중국어
펜더 挡泥板 dǎngníbǎn		연료탱크 油箱 yóuxiāng	
상향등 向上灯 xiàngshàngdēng		하향등 向下灯 xiàngxiàdēng	
안개등 雾灯 wùdēng		후미등 后灯 hòudēng	
머리받침 头枕 tóuzhěn		오토매틱 自动换挡 zìdònghuàndǎng	
수동기어 手动波 shǒudòngbō			

- 买了一台二手车。Mǎi le yì tái èrshǒuchē。 (중고차를 한 대 샀습니다.)

- 这个汽车用柴油/轻油。Zhè ge qìchē yòng cáiyóu/qīngyóu。
  (이것은 디젤/경유 자동차입니다.)

- 会开车吗? Huì kāichē ma? (운전하실 줄 압니까?)

- 我有驾驶证, 不过开车开得不好。
  Wǒ yǒu jiàshǐzhèng, búguò kāichē kāi de bù hǎo。
  (나는 운전면허증이 있지만, 운전은 잘 못합니다.)

- 以前开的是手动换挡车, 现在开的是自动换挡车。
  Yǐqián kāi de shì shǒudònghuàndǎngchē, xiànzài kāi de shì
  zìdònghuàndǎngchē。
  (옛날에는 수동 자동차를 탔는데, 지금은 오토매틱을 탑니다.)

- 请系安全带。Qǐng jì ānquándài。 (안전벨트를 매주세요.)

- 请踩一下油门, 我很急。Qǐng cǎi yí xià yóumén, wǒ hěn jí。
  (액셀러레이터를 좀 밟으세요. 급합니다.)

- 为了减速, 我踩了刹车。Wèile jiǎnshù, wǒ cǎi le shāchē。
  (나는 속도를 줄이기 위해서 브레이크를 밟습니다.)

- 向上灯怎么打? Xiàngshàngdēng zěnme dǎ? (상향등은 어떻게 켭니까?)

- 请示范一下怎么换齿轮。Qǐng shìfàn yí xià zěnme huàn chǐlún。
  (기어 바꾸는 방법을 보여주세요.)

- 要后退应该怎么做? Yào hòutuì yīnggāi zěnme zuò?
  (후진을 하려면 어떻게 합니까?)

- 一点儿油也没有了, 得加油。Yìdiǎnr yóu yě méiyǒu le, děi jiāyóu。
  (연료가 바닥이 났습니다. 주유를 해야 합니다.)

- 这儿附近哪儿有加油站。Zhèr fùjìn nǎr yǒu jiāyóuzhàn。
  (여기 어디에 주유소가 있습니까?)

- 加5万元的油。**Jiā wǔ wàn yuán de yóu。** (5만원 어치 넣어주세요.)

- 请加满。**Qǐng jiāmǎn。** (가득 채워주세요.)

- 这个停车场需要停车票。**Zhè ge tíngchēchǎng xūyào tíngchēpiào。**
  (이 주차장은 주차권이 필요합니다.)

- 洗车场在哪儿? **Xǐchēchǎng zài nǎr?** (세차장이 어디 있습니까?)

- 请给我洗车。**Qǐng gěi wǒ xǐ chē。** (세차해주세요.)

- 请给我洗汽车内部。**Qǐng gěi wǒ xǐ qìchē nèibù。**
  (자동차 내부를 청소해 주세요.)

- 请给我擦前玻璃。**Qǐng gěi wǒ cā qiánbōli。** (앞 유리를 닦아 주세요.)

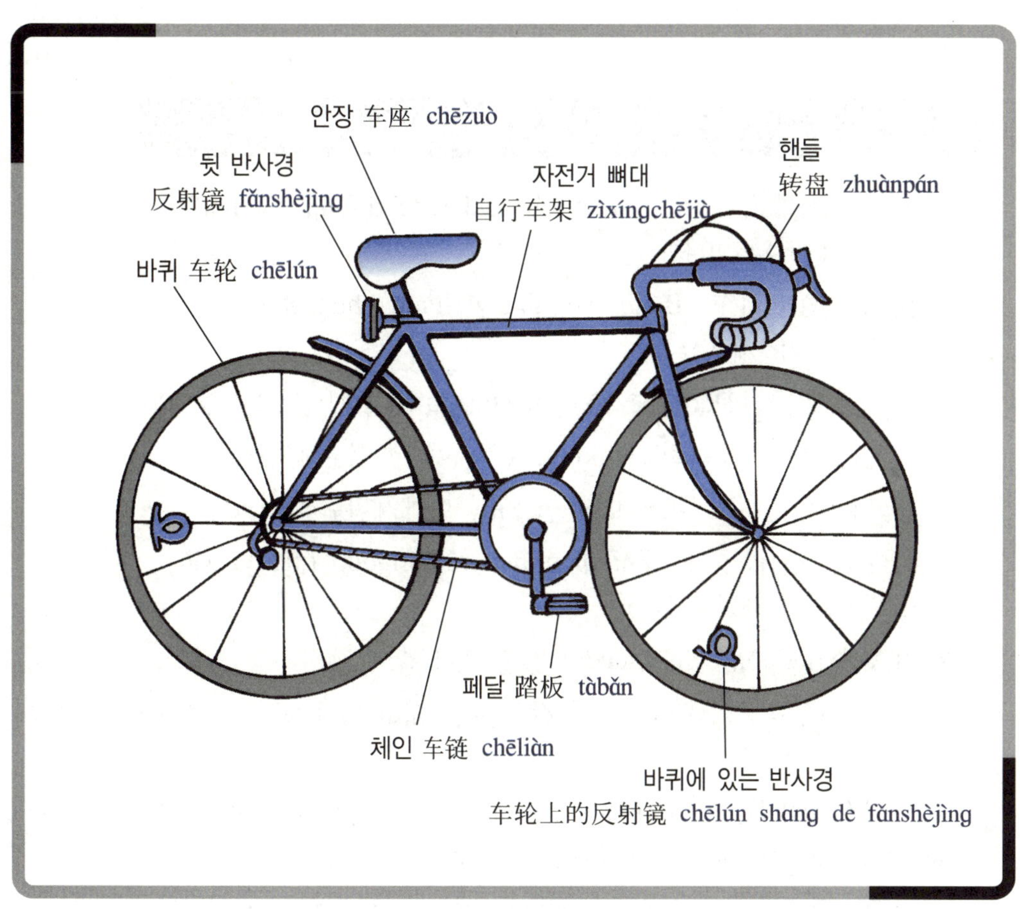

운전자(驾驶员 jiàshǐyuán)

- 汽车/旅游客车/出租汽车司机 qìchē/lǚyóukèchē/chūzūqìchē sījī
  (자동차/관광버스/택시 기사)
- 货车司机 huòchē sījī (화물차 운전자)
- 赛车选手 sàichē xuǎnshǒu (자동차 경주 선수)
- 摩托车驾驶员/骑自行车的 mótuōchē jiàshǐyuán/qízìxíngchēde
  (오토바이 운전자/자전거 운전자)
- 火车驾驶员 huǒchē jiàshǐyuán (철도기관사)
- 飞行员 fēixíngyuán (비행기 조종사)
- 航海员 hánghǎiyuán (항해사)
- 船长 chuánzhǎng (선장)

대중교통 수단(大众交通工具 dàzhòngjiāotōnggōngjù)

- 坐出租车的地方在哪儿? Zuò chūzūchē de dìfang zài nǎr?
  (택시 타는 곳이 어디입니까?)
- 帮我叫一辆出租车。Bāng wǒ jiào yí liàng chūzūchē。
  (택시 한 대 불러주세요.)
- 到车站多少钱? Dào chēzhàn duōshao qián? (역까지 얼마입니까?)
- 在这儿停一下。Zài zhèr tíng yí xià。(여기 내려주세요.)
- 在这儿停一下。Zài zhèr tíng yí xià。(여기 세워주세요.)
- 在前面人行道停一下。Zài qiánmiàn rénxíngdào tíng yí xià。
  (저기 횡단보도에 내려주세요.)
- 费用多少 Fèiyòng duōshao? (요금은 얼마죠?)
- 这个公共汽车车去市政府吗? Zhè ge gōnggòngqìchē qù Shìzhèngfǔ ma?
  (버스가 시청으로 갑니까?)
- 有可以在市内兜一圈的旅游巴士吗? Yǒu kěyǐ zài shìnèi dōu yì quān
  de lǚyóu bāshì ma? (시내일주 관광버스는 있나요?)
- 有没有一天/半天的旅游? Yǒuméiyǒu yì tiān/bàn tiān de lǚyóu?
  (하루/반나절 코스는 없나요?)

- 我的车出故障了。Wǒ de chē chū gùzhàng le。 (내 차에 고장이 났다.)
- 引擎过热。Yǐnqíng guò rè。 (엔진 과열이다.)
- 我的车需要牵引。Wǒ de chē xūyào qiānyǐn。 (내 차가 견인되어야 한다.)
- 得叫牵引车。Děi jiào qiānyǐnchē。 (견인차를 불러야 한다.)
- 汽车装备员修理汽车。Qìchē zhuāngbèiyuán xiūli qìchē。
  (자동차 정비공이 자동차를 수리합니다.)
- 我的车今天能修完吗？Wǒ de chē jīntiān néng xiūwán ma?
  (내 차를 오늘 안으로 수리해주실 수 있습니까?)
- 轮胎爆胎了。Lúntāi bàotāi le。 (타이어에 펑크가 났다.)
- 请给我换这个轮胎。Qǐng gěi wǒ huàn zhè ge lúntāi。
  (이 타이어를 교환해 주세요.)
- 有没有备用轮胎。Yǒumeiyǒu bèiyòng lúntāi。 (스페어타이어가 있습니까?)
- 左前面有一个疵点。Zuǒ qiánmian yǒu yí ge cīdiǎn。
  (왼쪽 앞 측면에 흠집이 하나 있습니다.)
- 发动不起来。Fādòng bùqǐlái。 (시동이 안 걸립니다.)
- 这个赛车1小时最快能跑280km。Zhè ge sàichē yì xiǎoshí zuì kuài néng pǎo èrbǎibāshí gōnglǐ。
  (이 스포츠카로는 시속 280km까지 달리 수 있습니다.)
- 左边的散光灯坏了。Zuǒbiān de sǎnguāngdēng huài le。
  (왼쪽 깜빡이등이 고장 났습니다.)
- 刹车有响。Shāchē yǒu xiǎng。 (브레이크에서 소리가 납니다.)
- 刹车不听话。Shāchē bù tīnghuà。 (브레이크가 잘 듣지 않습니다.)
- 确认一下发动机油。Quèrèn yí xià fādòngjīyóu。 (엔진 오일을 체크해 주세요.)
- 漏油了。Lòu yóu le。 (오일이 새고 있습니다.)
- 得换发动机油。Děi huàn fādòngjīyóu。 (엔진 오일을 갈아야 합니다.)
- 该换发动机油了。Gāi huàn fādòngjīyóu le。
  (엔진 오일을 갈아야 할 때가 되었습니다.)
- 确认一下冷却水。Quèrèn yí xià lěngquèshuǐ。 (냉각수를 점검해 주세요.)
- 确认一下轮胎的气儿。Quèrèn yí xià lúntāi de qìr。
  (바퀴의 공기압을 점검해 주세요.)
- 电池跑电了。Diànchí pǎodiàn le。 (배터리가 방전되었습니다.)

승용차 汽车 qìchē	화물차(트럭) 货车 huòchē
관광버스 旅游巴士 lǚyóubāshì	캠핑카 宿营车 sùyíngchē
스포츠카 赛车 sàichē	오토바이 摩托车 mótuōchē
연결식 트레일러 连接式拖车 liánjiēshì tuōchē	
2인용 자전거 双人自行车 shuāngrén zìxíngchē	

练习

Ⅰ. 다음 낱말을 중국어로 말해 보세요.

(1) 와이퍼 ___________________________

(2) 자동차 보닛 ___________________________

(3) (자동차) 핸들 ___________________________

(4) 클러치 ___________________________

(5) 깜빡이등 ___________________________

(6) 백미러 ___________________________

(7) (자전거) 핸들 ___________________________

(8) 체인 ___________________________

(9) 페달 ___________________________

(10) 트럭 ___________________________

Ⅱ. 다음 우리말을 중국어로 말해 보세요.

(1) 자동차의 시동이 걸리지 않는다.

____

(2) 안전벨트를 매세요.

____

(3) 여기 세워주세요.

____

(4) 이 버스가 역으로 갑니까?

____

(5) 엔진오일을 체크해주세요.

____

기차 (火车 huǒchē) / 버스 (公共汽车 gōnggòngqìchē) / 비행기 (飞机 fēijī)

출발 出发 chūfā	도착 到达 dàodá
완행열차 慢车 mànchē	
표에 소인을 찍다 在车票上盖邮戳 zài chēpiào shang gài yóuchuō	
기차의 차량 火车车厢 huǒchē chēxiāng	대기실 候车室 hòuchēshì
기차 객실의 칸 客车厢 kèchēxiāng	침대차 卧铺车 wòpùchē
기차의 침대칸 卧铺车厢 wòpù chēxiāng	종착역 终点站 zhōngdiǎnzhàn
침대칸 卧铺车厢 wòpù chēxiāng	플랫폼 站台 zhàntái
직행기차 直达火车 zhídá huǒchē	식당차 食堂车 shítángchē
기차의 식당(칸) 餐车 cānchē	예약 预约 yùyuē
자동발매기 自动销售机 zìdòng xiāoshòujī	개찰구 检票口 jiǎnpiàokǒu

信息预约
xìnxiyùyuē
정보, 예약

邮筒 **yóutǒng**
우체통

失物招领处
shīwùzhāolǐngchù
분실물 센터

运输汽车的火车
yùnshūqìchēdehuǒchē
자동차 수송기차

残疾人专用
cánjírénzhuānyòng
장애인용

候车室 **hòuchēshì**
대기실

饭店 **fàndiàn**
음식점

行李寄存处
xínglijìcúnchù
수하물 보관소

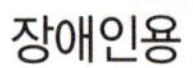
皮箱 **píxiāng**
케리어

自动行李寄存处
zìdòngxínglijìcúnchù
자동 수하물 보관소

寄包裹 **jìbāoguǒ**
짐부치기

见面场所
jiànmiànchǎngsuǒ
만남의 장소

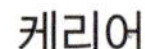
吸烟室 **xīyānshì**
흡연실

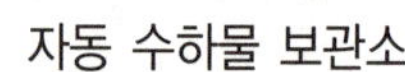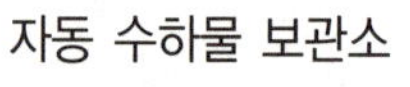
禁止吸烟
jìnzhǐxīyān
흡연금지

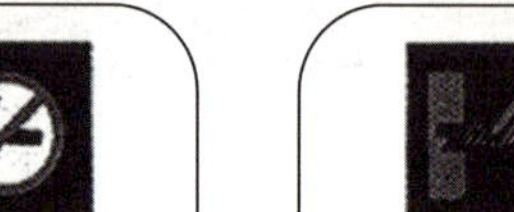
自动检票口
zìdòngjiǎnpiàokǒu
자동개찰기

公用电话
gōngyòngdiànhuà
공중전화

饮用水
yǐnyòngshuǐ
식수

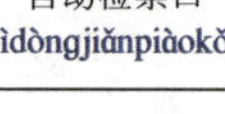
非饮用水
fēiyǐnyòngshuǐ
비식수

卫生间
wèishēngjiān
화장실

应急处理
yìngjíchǔlǐ
응급처치

- 在哪儿买票？Zài nǎr mǎi piào？ (승차권은 어디서 사야 하죠?)
- 去~的公共汽车在哪儿出发？Qù~de gōnggòngqìchē zài nǎr chūfā？
  (~로 가는 버스가 어디에서 출발하죠?)
- 下一站下车。Xià yí zhàn xiàchē。 (다음 정거장에서 내립니다.)
- 在这儿停一下。Zài zhèr tíng yí xià。 (여기에 내려주세요.)
- 有市内旅游巴士吗？Yǒu shìnèi lǚyóu bāshì ma？
  (시내 관광버스는 있나요?)
- 上车后要在车票上盖戳。Shàngchē hòu yào zài chēpiào shang gàichuō。
  (차에 탄 후 차표에 소인을 찍어야 한다.)

표를 검사하다	检票 jiǎnpiào
차표를 펀치로 찍다	用打孔机在车票上打孔 yòng dǎkǒngjī zài chēpiàoshang dǎkǒng
개찰원	检票员 jiǎnpiàoyuán
티켓	票 piào
버스정류장	公共汽车站 gōnggòngqìchēzhàn
복수 티켓	往返票 wǎngfǎnpiào
운전기사	司机 sījī
다음 정거장	下一站 xiàyízhàn

- 我想定下个星期日去~的机票。Wǒ xiǎng dìng xià ge xīngqīrì qù~de jīpiào。
  (저는 다음 일요일 ~행 비행을 예약하고 싶습니다.)
- 是直达吗？Shì zhídá ma？ (직항입니까?)
- 需要倒车吗？Xūyào dǎochē ma？ (환승을 해야 합니까?)
- 这是经由巴黎的航班。Zhè shì jīngyóu Bālí de hángbān。
  (이것은 파리를 경유하는 항공 편입니다.)
- 飞机几点起飞？Fēijī jǐ diǎn qǐfēi？ (비행기는 몇 시에 출발합니까?)
- 飞多长时间？Fēi duōchángshíjiān？ (비행은 몇 시간이 걸립니까?)

- 想取消预订的机票。**Xiǎng qǔxiāo yùdìng de jīpiào。**
  (예매를 취소하고 싶습니다.)
- 申请积分卡吗？ **Shēnqǐng jīfēnkǎ ma?**
  (고객 (마일리지) 카드를 만드시겠습니까?)
- 得在飞机起飞两个小时前到机场。
  Děi zài fēijī qǐfēi liǎng ge xiǎoshí qián dào jīchǎng。
  (출발하기 약 2시간 전에 공항에 나오셔야 합니다.)

공항 机场 jīchǎng	공항에 마중 나가다 接机 jiējī
비자 签证 qiānzhèng	
비행기 승무원 空中小姐 kōngzhōngxiǎojiě	
비행기 티켓 飞机票 fēijīpiào	비행기를 놓치다 误机 wùjī
비행기를 타다 坐飞机 zuòfēijī	비행 飞行 fēixíng
세관원 海关人员 hǎiguānrényuán	세관 海关 hǎiguān
세금 税 shuì	
시차에 고생하다 因时差受苦 yīn shíchā shòukǔ	
시차에 적응하다 适应时差 shìyìng shíchā	
시차 时差 shíchā	신고하다 举报 jǔbào
여권 签证 qiānzhèng	입구 入口 rùkǒu
조종사 飞行员 fēixíngyuán	착륙하다 着陆 zhuólù
출구 出口 chūkǒu	탑승권 登机牌 dēngjīpái
탑승하다 登机 dēngjī	화장실 卫生间 wèishēngjiān
비어있음(화장실) 无人 wúrén	사용 중(화장실) 有人 yǒurén

Ⅰ. 다음 낱말을 중국어로 말해 보세요.

(1) 창구 _______________________

(2) 초고속 열차 (ICE) _______________________

(3) 공항 _______________________

(4) 침대차 _______________________

(5) 식당차 _______________________

(6) 개찰구 _______________________

(7) 응급처치 _______________________

(8) 탑승권 _______________________

(9) 세관 _______________________

(10) 시차 _______________________

Ⅱ. 다음 우리말을 중국어로 말해 보세요.

(1) 잠실로 가는 버스가 어디에서 출발합니다.

____

(2) 여기 내려주세요.

____

(3) 중국 북경행 비행을 예약하고 싶습니다.

____

(4) 그 비행기가 몇 시에 출발합니까?

____

(5) 비행이 얼마나 걸립니까?

____

휴가 (休假 xīujià) / 여행 (旅行 lǚxíng)

- 一个星期后我休假。**Yí ge xīngqī hòu wǒ xiūjià。** (일주일 후면 난 휴가다.)
- 我一个星期后去度假。**Wǒ yí ge xīngqī hòu qù dùjià。**
  (나는 일주일 후에 휴가 간다.)
- 我打算去中国旅游。**Wǒ dǎsuan qù Zhōngguó lǚyóu。**
  (나는 중국으로 여행을 떠날 것이다.)
- 走之前我通过旅行社收集资料。**Zǒu zhīqián wǒ tōngguò lǚxíngshè shōují zīliào。** (떠나기 전에 나는 여행사에서 정보를 얻을 것이다.)
- 想在中国呆3个月以上得有鉴证。
  Xiǎng zài Zhōngguó dāi sān ge yuè yǐshàng děi yǒu qiānzhèng。
  (중국에 3개월 이상 머무르기 위해서는 비자가 필요하다.)
- 打行李 / 解开行李。**Dǎ xíngli/Jiěkāi xíngli** (짐을 꾸리다/풀 것이다.)

실크 丝绸 sīchóu	양모 羊毛 yángmáo	직물 纺织品 fǎngzhīpǐn
여행가방 旅行包 lǚxíngbāo	배낭 背包 bēibāo	
핸드캐리어 密码箱 mìmǎxiāng	짐 行李 xíngli	
주로 배에 차는 여행용 가방 坐船用旅行包 zuò chuán yòng lǚxíngbāo		
트렁크 皮箱 píxiāng	호수 湖 hú	비치볼 沙滩球 shātānqiú
파도 波涛 bōtāo	바위 岩石 yánshí	수상스키 滑水 huáshuǐ
선크림 防晒霜 fángshàishuāng	서핑보드 冲浪板 chōnglàngbǎn	
잠수부 潜水员 qiánshuǐyuán	물안경 防水眼镜 fángshuǐyǎnjìng	
잠수안경 潜水眼镜 qiánshuǐyǎnjìng		
잠수부 튜브 호흡관 潜水员氧气管 qiánshuǐyuányǎngqìguǎn		
구명조끼 救生服 jiùshēngfú	오리발 脚蹼 jiǎopǔ	침낭 睡袋 shuìdài
공기매트리스 气垫 qìdiàn	일사병 中暑 zhòngshǔ	

- 旅游中心免费提供市内地图。**Lǚyóu zhōngxīn miǎnfèi tígòng shìnèi dìtú。**
  (여행자 센터에서 시내 지도를 무료로 얻을 수 있습니다.)

세계지도 世界地图 shìjiè dìtú	전국지도 全国地图 quánguó dìtú
지방지도 地方地图 dìfāng dìtú	시내지도 市内地图 shìnèi dìtú
전철노선도 地铁路线图 dìtiě lùxiàntú	

- 他在海边/山上/农村/国外度假。
  Tā zài hǎibiān/shānshang/nóngcūn/guówài dùjià。
  (그는 바다에서/산에서/시골에서/외국에서 휴가를 보낸다.)

- 在海边日光浴之前要在身上涂抹防晒霜。
  Zài hǎibiān rìguāngyù zhīqián yào zài shēnshang túmǒ fángshàishuāng。
  (해변가에서 선탠하기 전에는 몸에 선크림을 발라야 한다.)

- ～游泳的时候孩子们在沙滩上玩儿。
  ~Yóuyǒng de shíhou, háizi men zài shātān shang wánr。
  (~가 수영하는 동안, 아이들은 해안가 모래밭에서 논다.)

- 为了滑雪冬天我去山上。Wèile huáxuě dōngtiān wǒ qù shānshang。
  (나는 스키를 타기 위해 겨울에 산으로 간다.)

- 他滑雪滑得很好，所以用高级滑道。
  Tā huáxuě huá de hěn hǎo, suǒyǐ yòng gāojí huádào。
  (그는 스키를 매우 잘 타서 상급자 코스를 이용한다.)

- 坐缆车很有意思。Zuò lǎnchē hěn yǒuyìsi。(리프트를 타는 것은 재미있다.)

- 度假时比起住宾馆我更喜欢野营。
  Dùjià shí bǐqǐ zhù bīnguǎn wǒ gèng xǐhuān yěyíng。
  (휴가 때 나는 호텔에 묵기보다 캠핑하는 것을 더 좋아한다.)

- 我有宿营车和帐篷。Wǒ yǒu sùyíngchē hé zhàngpeng。
  (나는 캠핑카와 텐트가 있다.)

- 我们搭帐篷啊？有睡袋吗？Wǒmen dā zhàngpeng a? Yǒu shuìdài ma?
  (우리 텐트 칠까? 침낭 있어?)

- 我在巴西是骑自行车/坐车去旅行的。
  Wǒ zài Bāxi shì qí zìxíngchē/zuòchē qù lǚyóu de。
  (나는 브라질에서 자전거로/자동차로 여행했다.)

I. 다음 낱말을 중국어로 말해 보세요.

    (1) 구름　　　　　　　　＿＿＿＿＿＿＿＿＿＿

    (2) 지평선　　　　　　　＿＿＿＿＿＿＿＿＿＿

    (3) 튜브　　　　　　　　＿＿＿＿＿＿＿＿＿＿

    (4) 해변가　　　　　　　＿＿＿＿＿＿＿＿＿＿

    (5) 배낭　　　　　　　　＿＿＿＿＿＿＿＿＿＿

    (6) 호수　　　　　　　　＿＿＿＿＿＿＿＿＿＿

    (7) 잠수부　　　　　　　＿＿＿＿＿＿＿＿＿＿

    (8) 침낭　　　　　　　　＿＿＿＿＿＿＿＿＿＿

    (9) 전철 노선도　　　　　＿＿＿＿＿＿＿＿＿＿

    (10) 선크림　　　　　　　＿＿＿＿＿＿＿＿＿＿

II. 다음 우리말을 중국어로 말해 보세요.

    (1) 일주일 후에 나는 휴가 간다.

    (2) 3개월 이상 중국에 머무르려면 비자가 필요하다.

    (3) 오늘 저녁에 가방을 쌀 것이다.

    (4) 나는 외국에서 휴가를 보낸다.

    (5) 겨울에 나는 스키를 타기 위해서 산으로 간다.

호텔 (宾馆 bīnguǎn)

호텔지배인 酒店经理 jiǔdiànjīnglǐ	벨보이 门童 méntóng
포터 搬运工 bānyùngōng	방청소부 女佣 nǚyōng
엘리베이터보이 电梯行李员 diàntīxíngliyuán	
수위 门卫 ménwèi	비상구 紧急出口 jǐnjíchūkǒu
체크인 入住 rùzhù	숙박부 注册簿 zhùcèbù
1인실 单人间 dānrénjiān	2인실 双人间 shuāngrénjiān

체크아웃 退房 tuìfáng	에어컨 空调 kōngtiáo	팁 小费 xiǎofèi
모닝콜 闹钟 nàozhōng	목욕가운 浴衣 yùyī	수건 毛巾 máojīn
히터 暖气 nuǎnqì	비누 香皂 xiāngzào	호텔경영자 店主 diànzhǔ
룸서비스 客房服务 kèfángfúwù		

 호텔정보〈宾馆信息 bīnguǎn xìnxī〉

- 这里可以预定酒店吗？ **Zhèli kěyǐ yùdìng jiǔdiàn ma?**
  (여기서 호텔 예약이 가능합니까?)

- 能不能推荐一个价格适当的酒店？ **Néngbunéng tuījiàn yí ge jiàgé shìdàng de jiǔdiàn?** (가격이 괜찮은 호텔을 하나 추천해 주실 수 있습니까?)

- 有空房吗？ **Yǒu kōngfáng ma?** (빈 방 있습니까?)

- 不好意思，房间已经满了。 **Bù hǎo yìsi, fángjiān yǐjīng mǎn le。**
  (죄송합니다. 방이 모두 찼습니다.)

- 我预订了一间房。 **Wǒ yùdìng le yì jiān fáng。** (방을 하나 예약했습니다.)

- 用谁的名字订的房间？ **Yòng shéi de míngzi dìng de fángjiān?**
  (어떤 이름으로 예약하셨습니까?)

- 您需要可以淋浴的房间？ 还是可以泡浴的房间？
  Nín xūyào kěyǐ línyù de fángjiān? Háishì kěyǐ pàoyù de fángjiān?
  (샤워 시설이 있는 방을 원하십니까, 아니면 욕실이 딸린 방을 원하십니까?)

- 给我一间可以看海景的房间。 **Gěi wǒ yì jiān kěyǐ kàn hǎijǐng de fángjiān。** (바다가 보이는 방을 주세요.)

- 那个房间多少钱？Nà ge fángjiān duōshǎo qián? (그 객실은 얼마입니까?)
- 包括早餐吗？Bāokuò zǎocān ma? (아침식사 포함인가요?)
- 我想换房间。Wǒ xiǎng huàn fángjiān。(방을 바꿨으면 좋겠습니다.)
- 我想要别的房间。Wǒ xiǎng yào biéde fángjiān。(다른 방을 원합니다.)
- 退房时间是几点？Tuìfáng shíjiān shì jǐ diǎn?
  (몇 시까지 체크아웃을 해야 합니까?)
- 收旅游支票吗？Shōu lǚyóu zhīpiào ma? (여행자 수표를 받습니까?)
- 餐厅在哪儿？Cāntīng zài nǎr? (식당은 어디에 있습니까?)
- 餐厅几点开始营业？Cāntīng jǐ diǎn kāishǐ yíngyè?
  (식당은 몇 시에 엽니까?)
- 我订的餐还没来。Wǒ dìng de cān hái méi lái。
  (주문한 식사가 아직 나오지 않았습니다.)
- 我订的早餐还没来。Wǒ dìng de zǎocān hái méi lái。
  (주문한 아침식사가 아직 안 왔습니다.)
- 明天早上七点叫醒我。Míngtiān zǎoshang qī diǎn jiàoxǐng wǒ。
  (내일 아침 7시에 깨워주세요.)
- 请给我拿点儿冰块儿和水。Qǐng gěi wǒ ná diǎnr bīngkuàir hé shuǐ。
  (얼음과 물을 좀 가져다주세요.)
- 请给我洗一洗这件衣服。Qǐng gěi wǒ xǐyixǐ zhè jiàn yīfu。
  (이 옷을 세탁해 주세요.)
- 这儿可以寄存行李吗？Zhèr kěyǐ jìcún xíngli ma?
  (이 짐을 맡아 주실 수 있습니까?)
- 我来取我的行李。Wǒ lái qǔ wǒ de xíngli。(맡긴 짐을 찾고 싶습니다.)
- 贵重物品也可以寄存吗？Guìzhòng wùpǐn yě kěyǐ jìcún ma?
  (귀중품을 맡길 수 있을까요?)
- 请给我一张酒店地址卡。Qǐng gěi wǒ yì zhāng jiǔdiàn dìzhǐkǎ。
  (이 호텔 주소가 적힌 카드 한 장 주세요.)
- 这里谁会说英语？Zhèli shéi huì shuō yīngyǔ?
  (여기 누가 영어를 할 줄 압니까?)
- 我把钥匙放在房间里了。Wǒ bǎ yàoshi fàng zài fángjiān lǐ le。
  (열쇠를 방안에 두고 나왔습니다.)
- 这个房间太吵了。Zhè ge fángjiān tài chǎo le。
  (이 방은 너무 시끄럽습니다.)
- 马桶坏了。Mǎtǒng huài le。(변기가 고장이 났습니다.)

• 没有热水。Méiyǒu rèshuǐ。(온수가 나오지 않습니다.)
• 请帮我叫一下服务员。Qǐng bāng wǒ jiào yí xià fúwùyuán。
  (서비스 맨 한 사람 보내주세요.)
• 请帮我叫一下搬运工。Qǐng bāng wǒ jiào yí xià bānyùngōng。
  (짐 나르는 사람 한 명 보내주세요.)
• 请帮我叫辆出租车。Qǐng bāng wǒ jiào liang chūzūchē。
  (택시 한 대 불러 주세요.)
• 请把帐单给我。Qǐng bǎ zhàngdān gěi wǒ。(계산서 부탁합니다.)

练习

Ⅰ. 다음 낱말을 중국어로 말해 보세요.
  (1) 접수 ___________________
  (2) 짐 ___________________
  (3) 벨 보이 ___________________
  (4) 수위 ___________________
  (5) 비상구 ___________________
  (6) 체크아웃 ___________________
  (7) 모닝콜 ___________________
  (8) 히터 ___________________
  (9) 룸서비스 ___________________
  (10) 2인실 ___________________

Ⅱ. 다음 우리말을 중국어로 말해 보세요.
  (1) 빈 방이 있습니까?
  ____

  (2) 방을 하나 예약했습니다.
  ____

  (3) 그 객실은 얼마입니까?
  ____

  (4) 방을 바꿨으면 좋겠습니다.
  ____

  (5) 식당이 몇 시에 문을 엽니까?
  ____

컴퓨터 (电脑 diànnǎo) / 정보처리 (信息处理 xìnxichǔlǐ)

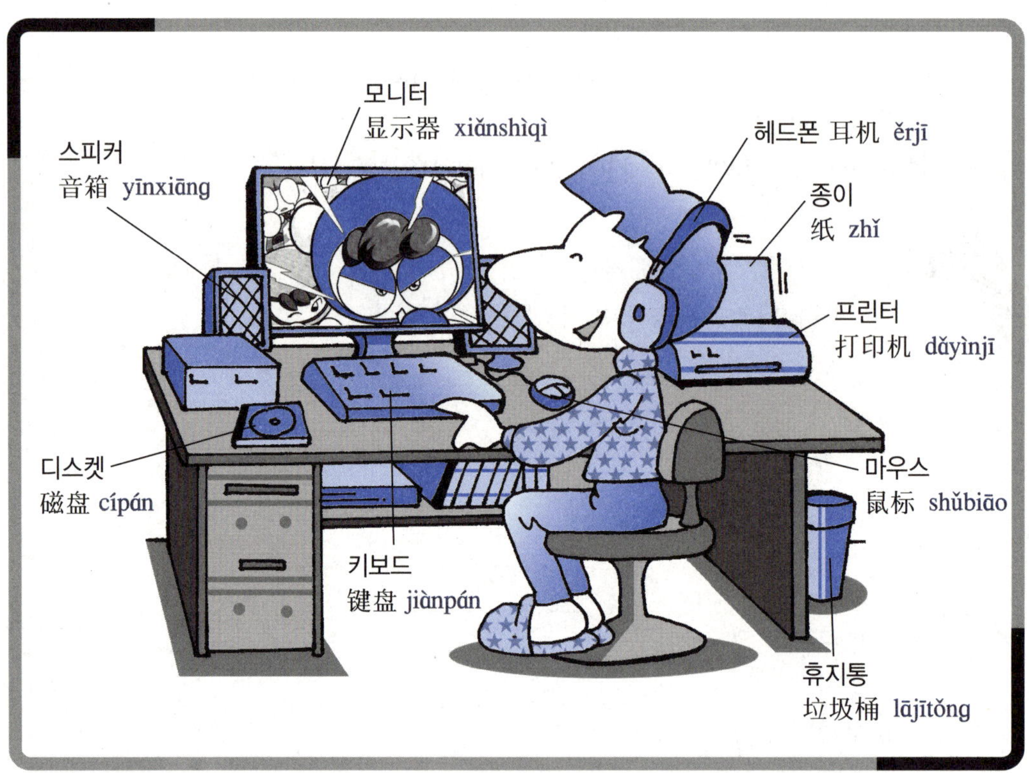

- 我每天上网。Wǒ měitiān shàngwǎng。(나는 매일 인터넷 서핑을 한다.)

- 他喜欢用我的电脑打游戏。Tā xǐhuān yòng wǒ de diànnǎo dǎ yóuxì。
  (그는 내 컴퓨터에서 게임하기를 좋아한다.)

- 他用电脑聊天。Tā yòng diànnǎo liáotiān。
  (그는 컴퓨터로 채팅을 한다.)

- 这里能上网吗？ 我要发邮件。
  Zhèli néng shàngwǎng ma? Wǒ yào fā yóujiàn。
  (여기 인터넷 연결이 있습니까? 이메일을 써야 해서요.)

- 您的邮箱地址是什么？ Nín de yóuxiāng dìzhǐ shì shénme?
  (이메일 주소가 어떻게 됩니까?)

- 有什么问题就给我写邮件吧。Yǒu shénme wèntí jiù gěi wǒ xiě yóujiàn ba。
  (질문이 있으면 제 이메일 주소로 연락하세요.)

메뉴표시줄 菜单栏 càidānlán

커서 光标 guāngbiāo

스캐너 扫描仪 sǎomiáoyí

하드디스크 硬盘 yìngpán

레이저프린터 激光打印机 jīguāng dǎyìnjī

잉크젯프린터 墨水打印机 mòshuǐ dǎyìnjī

토너 墨粉 mòfěn

사운드카드 声卡 shēngkǎ

비디오카드 显卡 xiǎnkǎ

네트워크 카드 网卡 wǎngkǎ

모뎀 调制解调器 tiáozhìjiětiáoqì

연장코드 网线 wǎngxiàn

프로세서 处理器 chǔlǐqì

CD드라이브 光驱 guāngqū

게시판 电子布告栏 diànzi bùgàolán

윈도우 窗口 chuāngkǒu

브라우저 浏览器 liúlǎnqì

북마크 收藏 shōucáng

서버 服务器 fúwùqì

인터넷 因特网 yīntèwǎng

인터넷 사용자 网络用户 wǎngluò yònghù

이메일주소 邮箱地址 yóuxiāng dìzhǐ

웹사이트 网站 wǎngzhàn

해커 黑客 hēikè

질문방 问答 wèndá

채팅 聊天 liáotiān

홈페이지 网页 wǎngyè

소프트웨어 软件 ruǎnjiàn

서핑하다 网上冲浪 wǎngshang chōnglàng

문자 文本 wénběn

댓글 评论 pínglùn

악플 恶评 èpíng

도메인시스템 域名系统 yùmíng xìtǒng

부팅디스켓 启动磁盘 qǐdòng cípán

바이러스 病毒 bìngdú

백신 杀毒软件 shādúruǎnjiàn

백업 备份 bèifèn

마우스패드 鼠标垫 shǔbiāodiàn

아이콘 图标 túbiāo

툴바 工具栏 gōngjùlán

스팸 垃圾 lājī

www 三W sānW

﹣ 下划线 xiàhuáxiàn

@ 地址号 dìzhǐhào

／ 斜杠 xiégàng

○ 句号 jùhào

，逗号 dòuhào

— 破折号 pòzhéhào

’ 单引号 dānyǐnhào

대문자 A 大写字母 A dàxiězìmǔ A

소문자 a 小写字母 a xiǎoxiězìmǔ a

모두 붙여서 全部粘贴 quánbùzhāntiē

- 他开机/关机了。Tā kāijī/guānjī le。(그가 컴퓨터를 켠다/끈다.)
- 他开机了/启动电脑了。Tā kāijī le/qǐdòng diànnǎo le。
  (그는 컴퓨터를 부팅시킨다/켠다.)
- 他用鼠标点击图标。Tā yòng shǔbiāo diǎnjī túbiāo。
  (그는 마우스로 아이콘을 클릭한다.)
- 怎样可以返回到上一页？Zěnyàng kěyi fǎnhuí dào shàng yí yè。
  (이전 사이트로 되돌아가려면 어떻게 해야 하죠?)
- 按一下"返回"就行了。Àn yí xià 'fǎnhuí' jiù xíng le。
  ("Enter"만 누르면 됩니다.)
- 我想保存这个文件。Wǒ xiǎng bǎocún zhè ge wénjiàn。
  (나는 이 파일을 저장하고 싶다.)
- 我不想保存这个文件。Wǒ bù xiǎng bǎocún zhè ge wénjiàn。
  (나는 이 파일을 저장하고 싶지 않다.)
- 别忘了保存这个文件。Bié wàng le bǎocún zhè ge wénjiàn。
  (이 파일 저장하는 것을 잊지 마세요.)
- 我不需要这个文件，删除它。Wǒ bù xūyào zhè ge wénjiàn, shānchú tā。
  (나는 이 파일이 필요 없다. 이것을 지운다.)
- 完成工作后，我会关机。Wánchéng gōngzuò hòu, wǒ huì guānjī。
  (작업을 끝내면, 나는 컴퓨터를 끈다.)
- 电脑死机了。Diànnǎo sǐjī le。(컴퓨터가 다운되었다.)
- 关于这个主题的所有文件都在这个文件夹里。
  Guānyú zhè ge zhǔtí de suǒyǒu wénjiàn dōu zài zhè ge wénjiànjiā li。
  (이 폴더는 그 주제에 관한 모든 파일이 들어있습니다.)
- 想把文件移动到另一个文件夹的时候，一直用鼠标把这个文件拉到那个文件夹里就行了。Xiǎng bǎ wénjiàn yídòngdào lìng yí ge wénjiànjiā de shíhou, yìzhí yòng shǔbiāo bǎ zhè ge wén jiàn lādào nà ge wénjiànjiā li jiù xíng le。
  (파일을 다른 폴더로 옮기려면, 그것을 마우스로 클릭한 후 그곳으로 가지고 간다.)
- 你知道这是什么程序吗？Nǐ zhīdào zhè shì shénme chéngxù ma?
  (이 프로그램을 아십니까?)
- 你知道怎么用这个程序吗？Nǐ zhīdào zěnme yòng zhè ge chéngxù ma?
  (이 프로그램을 어떻게 사용하는지 아십니까?)

• 我不知道怎么用这个程序，请给我说明一下。
 Wǒ bù zhīdào zěnme yòng zhè ge chéngxù, qǐng gěi wǒ shuōmíng yí
 xià。(이 프로그램을 사용할 줄 모릅니다. 설명해 주세요.)

• 我只会几种文字处理程序。Wǒ zhǐ huì jǐ zhǒng wénzì chǔlǐ chéngxù。
 (나는 몇 가지 문서작성 프로그램밖에 모릅니다.)

• 他是电脑专家。Tā shì diànnǎo zhuānjiā。(그는 컴퓨터 전문가이다.)

• 如今所有办公室里都有电脑。Rújīn suǒyǒu bàngōngshì lǐ dōu yǒu
 diànnǎo。(오늘날 모든 사무실에 컴퓨터가 있다.)

 이메일〈电子邮件 diànzǐyóujiàn〉

이　메　일	电子邮件 diànzǐyójiàn
받은편지함	收件箱 shōujiànxiāng
보낸편지함	发件箱 fājiànxiāng
발송항목	已发送邮件 yǐfāsòngyóujiàn
삭제항목	已删除邮件 yǐshānchúyóujiàn
휴　지　통	垃圾桶 lājītǒng
스팸편지	垃圾邮件 lājīyóujiàn
모르는사용자	未知的用户 wèizhīdeyònghù
첨부파일	附件 fùjiàn

• 如果你需要的话，可以把你的文件拷贝到CD里面。
 Rúguǒ nǐ xūyào de huà, kěyǐ bǎ nǐ de wénjiàn kǎobèi dào CD lǐ miàn。
 (원하시면, 당신의 파일들을 CD로 구울 수 있다.)

• 为了以防万一，我会把数据复制到U盘里。
 Wèile yǐfángwànyī, wǒ huì bǎ shùjù fùzhì dào U pán lǐ。
 (만약을 위해서 나는 데이터를 USB 스틱에 복사한다.)

• 如果你要回复电子邮件，你只需点击一下"回复"就行了。
 Rúguǒ nǐ yào huífù diànzǐyóujiàn, nǐ zhǐ xūyào diǎnjī yí xià "huífù" jiù
 xíng le。(이메일에 답장하려면, '답장'만 클릭하면 됩니다.)

• 详细的内容请参阅所附文件。

Xiángxì de nèiróng qǐng cānyuè suǒfù wénjiàn。

(자세한 내용은 첨부 파일에 들어 있습니다.)

• 来自未知发件人的电子邮件附件可能包含病毒。

Láizì wèizhī fājiànrén de diànziyóujiàn fùjiàn kěnéng bāohán bìngdú。

(모르는 발신자의 메일에 딸린 첨부파일은 바이러스를 포함할 수 있다.)

练习

Ⅰ. 다음 낱말을 중국어로 말해 보세요.

(1) 헤드폰　　　　　　　　　_________________________

(2) 프린터　　　　　　　　　_________________________

(3) 키보드　　　　　　　　　_________________________

(4) 스캐너　　　　　　　　　_________________________

(5) 게시판　　　　　　　　　_________________________

(6) 서버　　　　　　　　　　_________________________

(7) 메일주소　　　　　　　　_________________________

(8) 서핑하다　　　　　　　　_________________________

(9) 백신　　　　　　　　　　_________________________

(10) /　　　　　　　　　　　_________________________

Ⅱ. 다음 우리말을 중국어로 말해 보세요.

(1) 여기 인터넷 연결이 있습니까?

____

(2) 이메일 주소가 어떻게 됩니까?

____

(3) 이 파일을 저장하고 싶습니다.

____

(4) 컴퓨터가 다운되었습니다.

____

(5) 이 프로그램을 사용할 줄 모릅니다. 설명해 주세요.

전화 (电话 diànhuà)

电话铃响了。
Diànhuàlíng xiǎng le。
(전화벨이 울린다.)

拿起话筒接电话。
Náqǐ huàtǒng jiē diànhuà。
(수화기를 들고 대답한다.)

拨电话号码。
Bō diànhuà hàomǎ。
(전화번호를 누른다.)

放下话筒。
Fàngxià huàtǒng。
(수화기를 내려놓는다.)

수화기 话筒 huàtǒng	전화버튼 电话按键 diànhuà'ànjiàn
핸드폰 手机 shǒujī	자동응답기 自动应答机 zìdòngyìngdájī
요금 话费 huàfèi	전화카드 电话卡 diànhuàkǎ
내선 内线 nèixiàn	전화번호부 电话簿 diànhuàbù
발신음 彩铃 cǎilíng	전화박스 电话亭 diànhuàtíng
메시지 短信 duǎnxìn	긴급전화 紧急电话 jǐnjídiànhuà
교환원 接线员 jiēxiànyuán	국가번호 国家代码 guójiādàimǎ

중국 中国 Zhōngguó 86	미국 美国 Měiguó 1
한국 韩国 Hánguó 82	일본 日本 Rìběn 81

지역 번호(区号 qūhào)

길림 吉林 Jílín 0431	북경 北京 Běijīng 10
하얼빈 哈尔滨 Hā'ěrbīn 451	상해 上海 Shànghǎ 21
심양 沈阳 Shěnyáng 24	천진 天津 Tiānjīn 755
해남성 海南 Hǎinán 898	광주 广州 Guǎngzhōu 20

　　전화를 받으면 우선 자신의 이름을 말한다. 전화를 건 사람도 마찬가지로 자신의 신분을 먼저 밝힌다. 친한 사이에는 성은 말하지 않고 이름만 말하지만, 격식을 차려야 하는 사이에는 성도 함께 말한다. 통화를 종료할 때는 再见!이라고 한다.

- 我可以用一下电话吗? Wǒ kěyǐ yòng yí xià diànhuà ma?
  (전화 좀 사용해도 될까요?)
- 您是哪位? Nín shì nǎ wèi? (누구세요?)
- 我找 ～先生/小姐。Wǒ zhǎo ～ xiānshēng/xiǎojiě。
  (～씨와 통화하고 싶습니다.)
- 请帮我找一下～ Qǐng bāng wǒ zhǎo yí xià ～
  (～ 좀 바꿔주세요.)
- 我就是。Wǒ jiù shì。(접니다.)
- 请稍等。Qǐng shāo děng。(잠시만 기다리세요.)
- (不要挂)请稍等。(Búyào guà) qǐng shāo děng。((끊지 말고) 기다려 주세요.)
- 他现在不在。Tā xiànzài bú zài (그 분은 지금 안 계십니다.)
- 请过一会儿再打。Qǐng guò yíhuìr zài dǎ。(나중에 다시 전화 걸어주세요.)
- 现在信号不好，请挂断后再打过来。
  Xiànzài xìnhào bù hǎo, qǐng guàduàn hòu zài dǎguòlái。
  (연결 상태가 매우 안 좋습니다. 전화를 끊고 다시 걸어주세요.)

- 你的电话号是多少？ Nín de diànhuàhào shì duōshao?
  (전화번호가 어떻게 되시죠?)

- 现在通话中。Xiànzài tōnghuà zhōng。(통화 중입니다.)

- 您拨的号码是空号。Nín bō de hàomǎ shì kōnghào。
  (가입자가 없는 번호입니다.)

- 请您慢点儿说。Qǐng nín màn diǎnr shuō。(좀 더 천천히 말씀해 주세요.)

- 可以再大一点儿声吗？ Kěyǐ zài dà yì diǎnr shēng ma?
  (좀 더 큰소리로 말씀해 주실 수 있겠습니까?)

- 您有什么需要转达的吗？ Nín yǒu shénme xūyào zhuǎndá de ma?
  (전할 말씀이라도 있습니까?)

- 能转告 ～吗？ Néng zhuǎngào ~ma? (~에게 말씀 좀 전해주시겠습니까?)

- 能给 ～留言吗？ Néng gěi ~liúyán ma? (~에게 메시지를 남겨도 될까요?)

- 麻烦您告诉他我来过电话。Máfan nín gàosu tā wǒ láiguò diànhuà。
  (제가 전화했다고 전해주십시오.)

- 请让他给我回个电话 Qǐng ràng tā gěi wǒ huí ge diànhuà。
  (제게 전화하라고 전해주십시오.)

- 他正在开会。Tā zhèngzài kāihuì。(그는 지금 회의 중입니다.)

- 这里没有您要找的人。Zhèlǐ méiyǒu nín yào zhǎo de rén。
  (여기에는 그런 이름을 가진 사람은 없습니다.)

- 不好意思，我打错了。Bù hǎo yìsi, wǒ dǎcuò le。
  (죄송합니다. 잘못 건 것 같습니다.)

- 您要打长途电话吗？ Nín yào dǎ chángtú diànhuà ma?
  (장거리 전화를 거실겁니까?)

- 在中国省内通话是免费的。Zài Zhōngguó shěngnèi tōnghuà shì miǎnfèi
  de。(중국에서 지역 내 통화는 무료이다.)

- 这是国际长途，请简单地说。Zhè shì guójì chángtú, qǐng jiǎndān de shuō。
  (이것은 국제 통화입니다. 간단히 말씀해 주세요.)

- 您能来电话真的很感谢您。Nín néng lái diànhuà zhēn de hěn gǎnxiè nín。
  (전화 주셔서 감사합니다.)

- 以后再跟您联系。Yǐhòu zài gēnnín liánxì。
  (나중에 다시 전화 드리겠습니다.)

• 现在我很忙，稍后再给您回电话可以吗？

Xiànzài wǒ hěn máng, shāohòu zài gěi nín huí diànhuà kěyǐ ma?

(지금 제가 몹시 바쁩니다. 제가 나중에 전화 드려도 될까요?)

 응답기〈电话机 diànhuàjī〉

(1) 您好，我是王丽。我现在不在家，请留言或留下您的电话号，我会再跟您联系的。

Nínhǎo, wǒ shì Wánglì。Wǒ xiànzài bú zài jiā, qǐng liúyán huò liúxià nín de diànhuàhào, wǒ huì zài gēnnín liánxì de。

(안녕하세요. 王丽입니다. 지금은 제가 집에 없습니다. 메시지나 전화번호를 남겨주세요. 전화 드리겠습니다.)

(2) 这是智慧的电话，我暂时无法通话。听到"B"声请给我留言，我会尽快与您联系。谢谢。"B~"

Zhè shì Zhìhuì de diànhuà, wǒ zànshí wúfǎ tōnghuà。Tīngdào "B" shēng qǐng gěi wǒ liúyán, wǒ huì jìnkuài yǔnín liánxì。xièxie。"B~"

이것은 리혜의 전화입니다. 잠시 통화가 어려우니 "B" 소리가 나면 메시지를 남겨 주십시오. 제가 최대한 빨리 연락을 드리겠습니다. 감사합니다. "B~"

주요전화번호〈主要的电话号码 zhǔyào de diànhuàhàomǎ〉

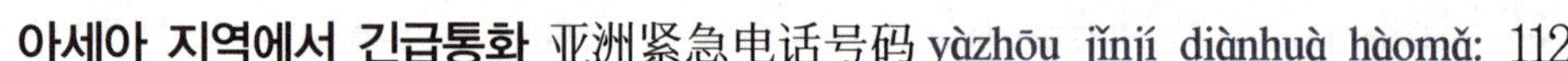

아세아 지역에서 긴급통화 亚洲紧急电话号码 yàzhōu jǐnjí diànhuà hàomǎ: 112

• 中国 Zhōngguó
 – 경찰 警察 jǐngchá: 110
 – 소방서 消防队 xiāofángduì: 119
 – 병원 구급차 病院救急车 yīyuànjiùhùchē: 112
 – 전화번호 안내 电话号码查询处 diànhuàhàomǎcháxúnchù: 114

• 韩国 Hánguó
 – 경찰 警察 jǐngchá: 110
 – 소방서 消防队 xiāofángduì: 119
 – 병원 구급차 病院救急车 yīyuànjiùhùchē: 120
 – 전화번호 안내 电话号码查询处 diànhuàhàomǎcháxúnchù: 114

• 日本 Rìběn
  – 경찰 警察 **jǐngchá**: 110
  – 소방서 消防队 **xiāofángduì**: 119
  – 병원 구급차 病院救急车 **yīyuànjiùhùchē**: 112
  – 전화번호 안내 电话号码查询处 **diànhuàhàomǎcháxúnchù**: 114

习练

Ⅰ. 다음 낱말을 중국어로 말해 보세요.
   (1) 수화기 ___________________
   (2) 핸드폰 ___________________
   (3) 전화카드 ___________________
   (4) 발신음 ___________________
   (5) 긴급전화 ___________________
   (6) 내선 ___________________
   (7) 지역번호 ___________________
   (8) 자동응답기 ___________________
   (9) 장거리 전화 ___________________
   (10) 메시지 ___________________

Ⅱ. 다음 우리말을 중국어로 말해 보세요.
   (1) 김 선생님 좀 부탁합니다.
   ____

   (2) 접니다.
   ____

   (3) 좀 더 천천히 말씀해주시겠습니까?
   ____

   (4) 메시지를 남겨도 될까요?
   ____

   (5) 나중에 다시 전화 드리겠습니다. 안녕히 계세요.
   ____

热 rè
(덥다)

冷 lěng
(춥다)

饿 è
(배고프다)

失望 shīwàng
(실망스럽다)

高兴 gāoxìng
(기분이 좋다)

生气 shēngqì
(화가 난다)

伤心 shāngxīn
(슬프다)

哭 kū
(울고 있다)

笑 xiào
(웃고 있다)

无关紧要 wúguānjǐnyào
(알게 뭐람!) 될 대로 되라지!

渴 kě
(목마르다)

累 lèi
(피곤하다)

 **감정〈情感 qínggǎn〉**

기쁨 高兴 gāoxìng	슬픔 伤心 shāngxīn	행복 幸福 xìngfú
불행 不幸 búxìng	실망 失望 shīwàng	절망 绝望 juéwàng
화 怒气 nùqì	분노 愤怒 fènnù	격노 震怒 zhènnù
만족 满足 mǎnzú	불만족 不满 bùmǎn	

 **기분 좋을 때〈高兴时 gāoxìng shí〉**

- 见到你很高兴。Jiàndào nǐ hěn gāoxìng。(너를 보아 기분 좋다.)
- 见到你很高兴。Jiàndào nǐ hěn gāoxìng。(너를 만나 기분이 좋아.)
- 我高兴死了。Wǒ gāoxìng sǐ le。(나는 좋아 죽겠어.)
- 我感动了！Wǒ gǎndòng le! (나는 감동했다.)
- 很好，一切都很顺利。Hěn hǎo, qíqiè dōu hěn shùnlì。
  (아주 좋아. 모든 게 잘 되었어.)

기분 나쁠 때〈生气时 shēngqì shí〉

- 很讨厌。Hěn tǎoyàn。(너무 싫다.)
- 我生气了。Wǒ shēngqì le。(나는 화났다.)
- 我很生气。Wǒ hěn shēngqì。(너무 화가 난다.)
- 我受够了。Wǒ shòugòu le。(지겹다.)
- 不要惹我。Búyào rě wǒ。(나 건드리지 마.)
- 不要惹我生气。Búyào rě wǒ shēngqì。(내 성질 건드리지 마.)
- 我快要爆发了。Wǒ kuài yào bàofā le。(화가 나서 폭발할 지경이다.)
- 你知不知道你在惹事？Nǐ zhībuzhīdào nǐ zài rěshì?
  (너 일 만들고 있는 거 알지?)

- 我很伤心。Wǒ hěn shāngxīn。(너무 슬프다.)
- 我想哭。Wǒ xiǎng kū。(울고 싶다.)
- 我很郁闷。Wǒ hěn yùmèn。(매우 우울하다.)
- 不幸中的万幸。Búxìng zhōng de wànxìng。(불행 중 다행이다.)
- 我哭了一整夜。Wǒ kū le yì zhěng yè。(나는 밤새 울었다.)

- 对不起。/ 不好意思。Duìbuqǐ。Bù hǎo yìsi。(미안합니다.)
- 请原谅我。Qǐng yuánliàng wǒ。(용서해 주세요.)
- 求您原谅。Qiú nín yuánliàng。(용서를 구합니다.)
- 我对我做的事道歉。Wǒ duì wǒ zuò de shì dàoqiàn。
  (제가 저지른 일에 대해 죄송합니다.)
- 那不是故意的。Nà bú shì gùyì de。
  (그것은 고의가 아니었습니다.)

- 我都快疯了! Wǒ dōu kuài fēng le。(미치겠네!)
- 它让我发疯! Tā ràng wǒ fāfēng。(그것이 나를 미치게 만드네!)
- 不要管闲事! Búyào guǎn xiánshì。(네 일이나 신경 써라!)
- 跟你没关系。Gēnnǐ méiguānxi。(너랑 상관없잖아!)
- 再也忍不下去了! Zài yě rěn bú xiàqù le! (더 이상 참을 수 없어!)
- 我再也忍不下去了。Wǒ zài yě rěn bú xiàqù le!
  (나는 그것을 더 이상 참을 수 없다.)
- 我再也忍不下去了。Wǒ zài yě rěn bú xiàqù le!
  (나는 그것을 더 이상 견딜 수 없다.)
- 我再也接受不了了。Wǒ zài yě jiēshòu bù liǎo le。
  (난 그것을 더 이상 받아들일 수 없다.)

- 我不能再等下去了。Wǒ bù néng zài děng xiàqù le。
  (난 더 이상 기다리지 않겠다.)
- 我完全没力气了。Wǒ wánquán méilìqi le。(난 완전히 맥이 빠졌다.)
- 完全绝望了。Wánquán juéwàng le。(상황이 완전히 절망적이다.)

화날 때〈发火时 fāhuǒ shí〉

- 请安静！Qǐng ānjìng。(조용히 해!)
- 闭嘴！Bìzuǐ! (닥쳐!)
- 够了！Gòu le! (됐어!)
- 出去/滚！Chūqù/Gǔn! (나가/꺼져!)
- 别惹我！Bié rě wǒ! (날 짜증나게 하지마라!)
- 谁问你了？Shúi wèn nǐ le? (누구도 네게 질문하지 않았다!/누가 네게 물었어?)
- 你在玩儿我吧！Nǐ zài wánr wǒ ba!
  (나 놀리고 있는 거지!/너 나를 놀리려는 거지!)
- 我很生气 Wǒ hě shēngqì. (난 네게 화났다.)
- 我很生气，别惹我。Wǒ hěn shēngqì, bié rě wǒ。(나 화났어. 건드리지 마.)

Ⅰ. 다음 낱말을 중국어로 말해 보세요.

(1) 즐거움　　　　＿＿＿＿＿＿＿＿＿＿

(2) 슬픔　　　　　＿＿＿＿＿＿＿＿＿＿

(3) 화　　　　　　＿＿＿＿＿＿＿＿＿＿

(4) 행복　　　　　＿＿＿＿＿＿＿＿＿＿

(5) 불행　　　　　＿＿＿＿＿＿＿＿＿＿

Ⅱ. 다음 우리말을 중국어로 말해 보세요.

(1) 덥다.

＿＿＿＿＿＿＿＿＿＿＿＿＿＿＿＿＿＿＿＿

(2) 실망스럽다.

＿＿＿＿＿＿＿＿＿＿＿＿＿＿＿＿＿＿＿＿

(3) 화난다.

＿＿＿＿＿＿＿＿＿＿＿＿＿＿＿＿＿＿＿＿

(4) 피곤하다.

＿＿＿＿＿＿＿＿＿＿＿＿＿＿＿＿＿＿＿＿

(5) 너무 감동했다.

＿＿＿＿＿＿＿＿＿＿＿＿＿＿＿＿＿＿＿＿

(6) 나 건드리지 마.

＿＿＿＿＿＿＿＿＿＿＿＿＿＿＿＿＿＿＿＿

(7) 하루 종일 울었다.

＿＿＿＿＿＿＿＿＿＿＿＿＿＿＿＿＿＿＿＿

(8) 미치겠네.

＿＿＿＿＿＿＿＿＿＿＿＿＿＿＿＿＿＿＿＿

(9) 난 완전히 맥이 빠져있다.

＿＿＿＿＿＿＿＿＿＿＿＿＿＿＿＿＿＿＿＿

(10) 나 놀리고 있는 거지.

＿＿＿＿＿＿＿＿＿＿＿＿＿＿＿＿＿＿＿＿

29

느낌 (感觉 gǎnjué) － Ⅱ

我害怕。Wǒ hàipà。
(나는 무서워요.)

我担心。Wǒ dānxīn。
(나는 걱정이 돼요.)

哦，我的天啊！Ò, wǒ de tiān'a!
(오, 세상에.)

我不喜欢吃肉。
Wǒ bù xǐhuān chīròu。
(나는 고기를 싫어해요.)

我很喜欢吃蛋糕。
Wǒ hěn xǐhuān chī dàngāo。
(나는 케이크를 아주 좋아해요.)

哦，太好了！Ò! tài hǎo le!
(어머나, 정말 놀라와요!)

두려울 때 (害怕时 hàipà shí)

- 我怕狗。Wǒ pà gǒu。 (나는 개를 무서워한다.)
- 吓我一跳。Xià wǒ yí tiào。 (간 떨어질 뻔했다.)
- 吓死我了。Xià sǐ wǒ le。 (무서워 죽겠어.)
- 太恐怖了。Tài kǒngbù le。 (소름이 쫙 끼쳤다.)

걱정될 때 (担心时 dānxīn shí)

- 太不幸了! Tài bú xìng le。 (너무 안됐다!)
- 我担心那个。Wǒ dānxīn nà ge。 (난 그것을 하는 것이 걱정이다.)
- 我很担心。Wǒ hěn dānxīn。 (난 매우 걱정된다.)
- 我很不安。Wǒ hěn bù'ān。 (불안하다.)
- 没有想象的那么好。Méiyǒu xiǎngxiàng de nàme hǎo。
  (생각했던 것처럼 그렇게 좋지는 않았다.)
- 我担心得病。Wǒ dānxīn débìng。 (나는 병에 걸릴까봐 걱정이다.)
- 我已经没有别的办法了。Wǒ yǐjīng méiyǒu biéde bànfǎ le。
  (내겐 이제 다른 방법이 없다.)

놀랐을 때 (吃惊时 chījīn shí)

- 哎呀! Āiyā! (아이고!/어머나!)
- 真漂亮! Zhēn piàoliang! (정말 예쁘다!)
- 不敢相信! Bù gǎn xiāngxìn! (믿을 수 없다!)
- 真的吗? Zhēn de ma? (진짜야?/정말?)
- 别说了! Bié shuō le。 (말도 마라!)
- 你能确定吗? Nǐ néng quèdìng ma? (확실해?)
- 我不能相信这一点。Wǒ bù néng xiāngxìn zhè yì diǎn。
  (그것을 믿을 수 없다.)

- 真遗憾。Zhēn yíhàn。 (참 유감입니다.)
- 我衷心表示哀悼! Wǒ zhōngxīn biǎoshì āidào。 (애도를 표합니다.)
- 真是太可悲了。Zhēn shì tài kěbēi le。 (너무 슬픈 일이에요!)
- 可怜的人! Kělián de rén! (불쌍한 사람들!)
- 我理解你。Wǒ lǐjiě nǐ。 (널 이해한다.)
- 听说你失业了，真遗憾!
  Tīngshuō nǐ shīyè le, zhēn yíhàn!
  (네가 실직을 했다니 가슴이 아프다.)
- 听说你母亲去世了，我感到很难过。Tīngshuō nǐ mǔqin qùshì le, wǒ gǎndào hěn nánguò。 (네 어머님이 돌아가셨다니 매우 슬프다.)
- 唉，太可怜了! Ài, tài kělián le。 (저런. 참 딱하구나!)

- 对不起/不好意思。Duìbuqǐ/Bù hǎo yìsi。 (죄송합니다.)
- 我不是故意的。Wǒ bú shì gùyì de。 (고의가 아니었습니다.)
- 都是我的不对。Dōu shì wǒ de búduì。 (모든 것이 제 불찰이었습니다.)
- 请原谅我的失误。Qǐng yuánliàng wǒ de shīwù。
  (제 실수에 대해 용서를 구합니다.)
- 我不想伤你的心。Wǒ bù xiǎng shāng nǐ de xīn。
  (네 감정을 상하게 하고 싶지 않았다.)
- 我保证这种事情不会再发生。
  Wǒ bǎozhèng zhè zhǒng shìqing bú huì zài fāshēng。
  (그것을 다시 하지 않겠다고 약속하마./그 일이 다시 발생하지 않도록 하겠다고 약속한다.)

- 跟你没什么关系。Gēn nǐ méishénme guānxi。 (네게 어떻게든 상관없다.)
- 你随便。Nǐ suíbiàn。 (네가 원하는 대로.)

- 这对我不是很重要。Zhè duì wǒ bú shì hěn zhòngyào。
  (내겐 중요치 않다.)

- 这跟我没什么关系。Zhè gēnwǒ méishénme guānxi。
  (그것은 나와는 상관없다.)

- 那不关我的事。Nà bú guān wǒ de shì。(그것은 내 일이 아니다.)

- 我对那个没什么兴趣。Wǒ duì nà ge méishénme xìngqù。
  (나는 그것에 관심이 없다.)

- 是吗? Shì ma? (사실이야?/맞아?)

- 确定吗? Quèdìng ma? (확실합니까?)

- 你确信吗? Nǐ quèxìn ma? (완전히 확신하니?)

- 我有怀疑。Wǒ yǒu huáiyí。(의심이 간다.)

- 这个理由不充分, 不是吗? Zhè ge lǐyóu bù chōngfèn, bú shì ma?
  (이유가 미덥지 않아, 그렇지 않니?)

- 可能吧。Kěnéng ba。(아마도.)

- 不要担心! Búyào dānxīn。(걱정하지 마십시오.)

- 请冷静! Qǐng lěngjìng。(진정하십시오.)

- 他听完我的话就放心了。Tā tīngwán wǒ de huà jiù fàngxīn le。
  (그는 내가 한 말을 듣고 안심했다.)

- 现在可以放心了。Xiànzài kěyǐ fàngxīn le。(이제 안심이다.)

- 请放心! Qǐng fàngxīn。(안심해라.)

- 那种事情是什么时候都可能发生的。Nà zhǒng shìqing shì shénme
  shíhou dōu kěnéng fāshēng de。
  (그런 일은 언제든지 일어날 수 있다.)

- 别紧张, 不要再想那件事了。Bié jǐnzhāng, búyào zài xiǎng nà jiàn shì
  le。(긴장 풀고, 그것에 대해 더 생각하지 마라!)

习
练

Ⅰ. 다음 중국어를 우리말로 말해 보세요.

(1) 我很担心。Wǒ hěn dān xīn。

____

(2) 我怕狗。Wǒ pà gǒu。

____

(3) 我无法相信。Wǒ wúfǎ xiāngxìn。

____

(4) 真是遗憾。Zhēn shì yíhàn。

____

(5) 请原谅我的失误。Qǐng yuánliàng wǒ de shīwù。

____

Ⅱ. 다음 우리말을 중국어로 말해 보세요.

(1) 나는 무서워요.

____

(2) 소름이 쫙 끼쳤다.

____

(3) 불안하다.

____

(4) 말도 마라!

____

(5) 널 이해한다.

____

(6) 고의가 아니었습니다.

____

(7) 내겐 중요치 않다.

____

(8) 의심이 간다.

____

(9) 이제 안심이다.

____

(10) 그것은 언제든지 일어날 수 있는 일이다.

____

가족(家族 jiāzú)

爷爷 yéye(할아버지) / 奶奶 nǎinai(할머니)

姑姑 gūgu(고모) / 姑父 gūfu(고모부)
姨妈 yímā(이모) / 姨父 yífu(이모부)

爸爸 bàba(아버지) / 妈妈 māma(어머니)

表兄弟/堂兄弟
biǎoxiōngdì/
tángxiōngdì
(남자사촌)

表姐妹/堂姐妹
biǎojiěmèi/
tángjiěmèi
(여자사촌)

姐姐 jiějie
(언니, 누나)

哥哥 gēge
(오빠 / 형)

我 wǒ(나)

丈夫 zhàngfū
(남편)

侄子 zhízi
(남자조카)

侄女 zhínǚ
(여자조카)

女儿 nǚ'ér
(딸)

儿子 érzi
(아들)

孙子 sūnzi(손자)

孙女 sūnnǚ(손녀)

丈夫 zhàngfu (남편)	↔ 妻子 qīzi (아내)
公公 gōnggong (시아버지)	↔ 婆婆 pópo (시어머니)
姐夫/妹夫 jiěfu/mèifu (매형, 매부)	↔ 小姨子/连襟, xiǎoyízi/liánjin 妯娌/嫂子/小姑子 zhóulǐ/sǎozi/xiǎogūzi (처제, 동서, 형수, 시누이)
女婿 nǚxu (사위)	↔ 儿媳 érxí (며느리)
爷爷 yéye (친할아버지)	↔ 外公 wàigōng (외할아버지)

나이 변화에 따른 표현 (各个时期表达方式 gègè shíqī de biǎodá fāngshì)

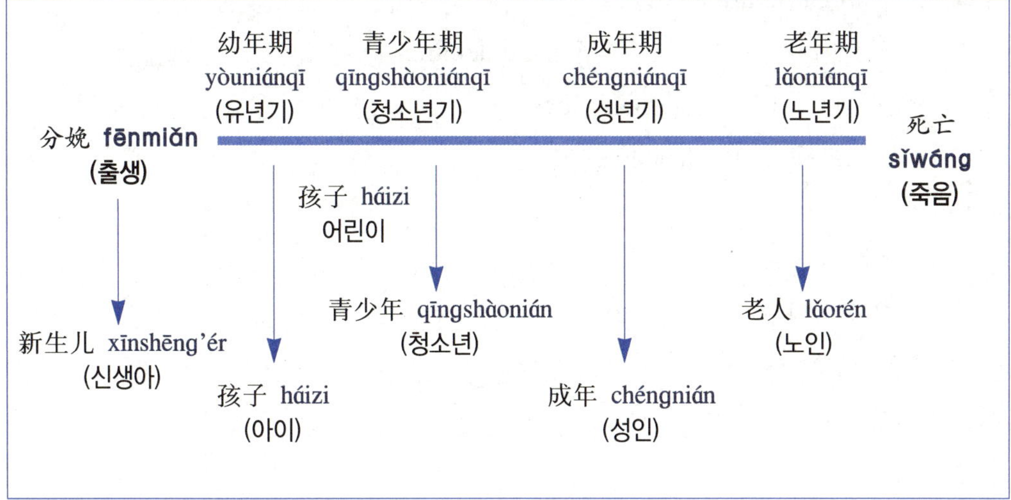

十几岁 shí jǐ suì 십대	
二十几岁 èrshí jǐ suì 이십대	
三十几岁的男人 sānshí jǐ suì de nánrén 삼십대의 남자	
四十几岁的女人 sìshí jǐ suì de nǚrén 사십대의 여자	
中年人 zhōngniánrén 중년의 사람들	
中年妇人 zhōngniánfùnǚ 중년 부인	
老绅士 lǎoshēnshì 노년의 신사	

练
习

Ⅰ. 다음 중국어를 우리말로 말해 보세요.

(1) 爷爷 yéye _________________

(2) 叔叔/舅舅/伯伯/姑父/姨父 shūshu/jiùjiu/bóbo/gūfu/yífu

____

(3) 表兄弟姐妹 biǎoxiōngdìjiěmèi _________________

(4) 侄子/侄女 zhízi/zhínǚ _________________

(5) 姐夫/妹夫/大伯 jiěfu/mèifu/dàbó _________________

(6) 外婆 wàipó _________________

(7) 分娩 fēnmiǎn _________________

(8) 四十几岁的女人 sìshí jǐ suìdenǚrén _________________

(9) 中年妇人 zhōngnián fùnǚ _________________

(10) 老绅士 lǎoshēnshi _________________

Ⅱ. 다음 낱말을 중국어로 말해 보세요.

(1) 할머니 _________________

(2) 이모 _________________

(3) 남편 _________________

(4) 조카(여) _________________

(5) 손녀 _________________

(6) 사위 _________________

(7) 청소년기 _________________

(8) 노년기 _________________

(9) 죽음 _________________

(10) 노인 _________________

동물(动物 dòngwù)

칠면조 火鸡 huǒjī	거위 鹅 é	숫양 公羊 gōngyáng
암양 母羊 mǔyáng	거북이 乌龟 wūguī	당나귀 毛驴 máolú
어린양 羊羔 yánggāo	생쥐 老鼠 lǎoshǔ	까마귀 乌鸦 wūyā
개구리 青蛙 qīngwā	동물 动物 dòngwù	가축 家畜 jiāchù
애완동물 宠物 chǒngwù		

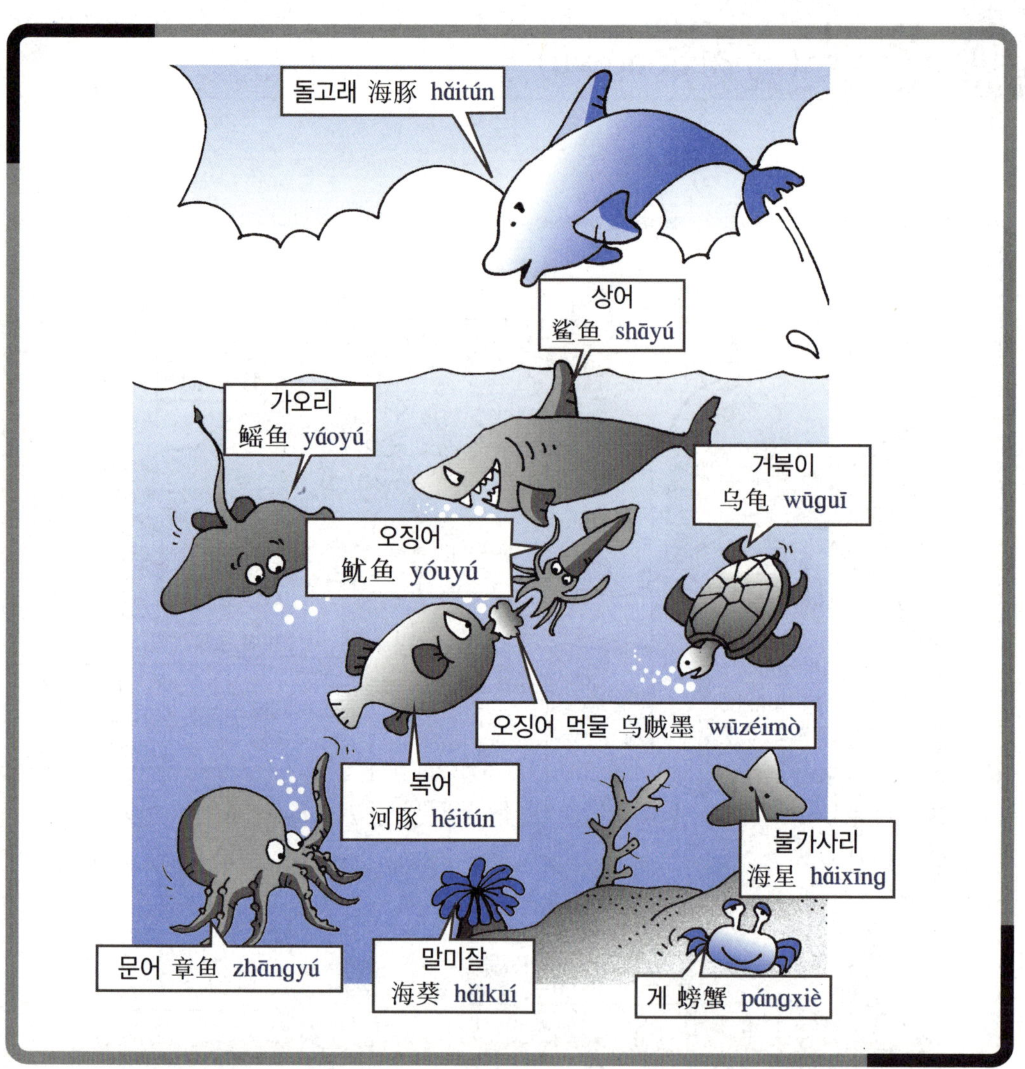

물고기(鱼 yú)

가자미 偏口鱼 piānkǒuyú	고등어 鲭鱼 qīngyú	금붕어 金鱼 jīnyú
대구 鳕鱼 xuěyú	멸치 凤尾鱼 fèngwěiyú	명태 明太鱼 míngtàiyú
바다가재 龙虾 lóngxiā	상어 鲨鱼 shāyú	새우 虾 xiā
송어 鳟鱼 zūnyú	연어 鲑鱼 guīyú	오징어 鱿鱼 yóuyú
잉어 鲤鱼 lǐyú	장어 鳗鱼 mànyú	정어리 鲱鱼 fēiyú
참치 金枪鱼 jīnqiāngyú	펭귄 企鹅 qǐ'é	홍어 魟鱼 hóngyú
굴 牡蛎 mǔlì	홍합 红蛤 hónggé	고래 鲸鱼 jīngyú

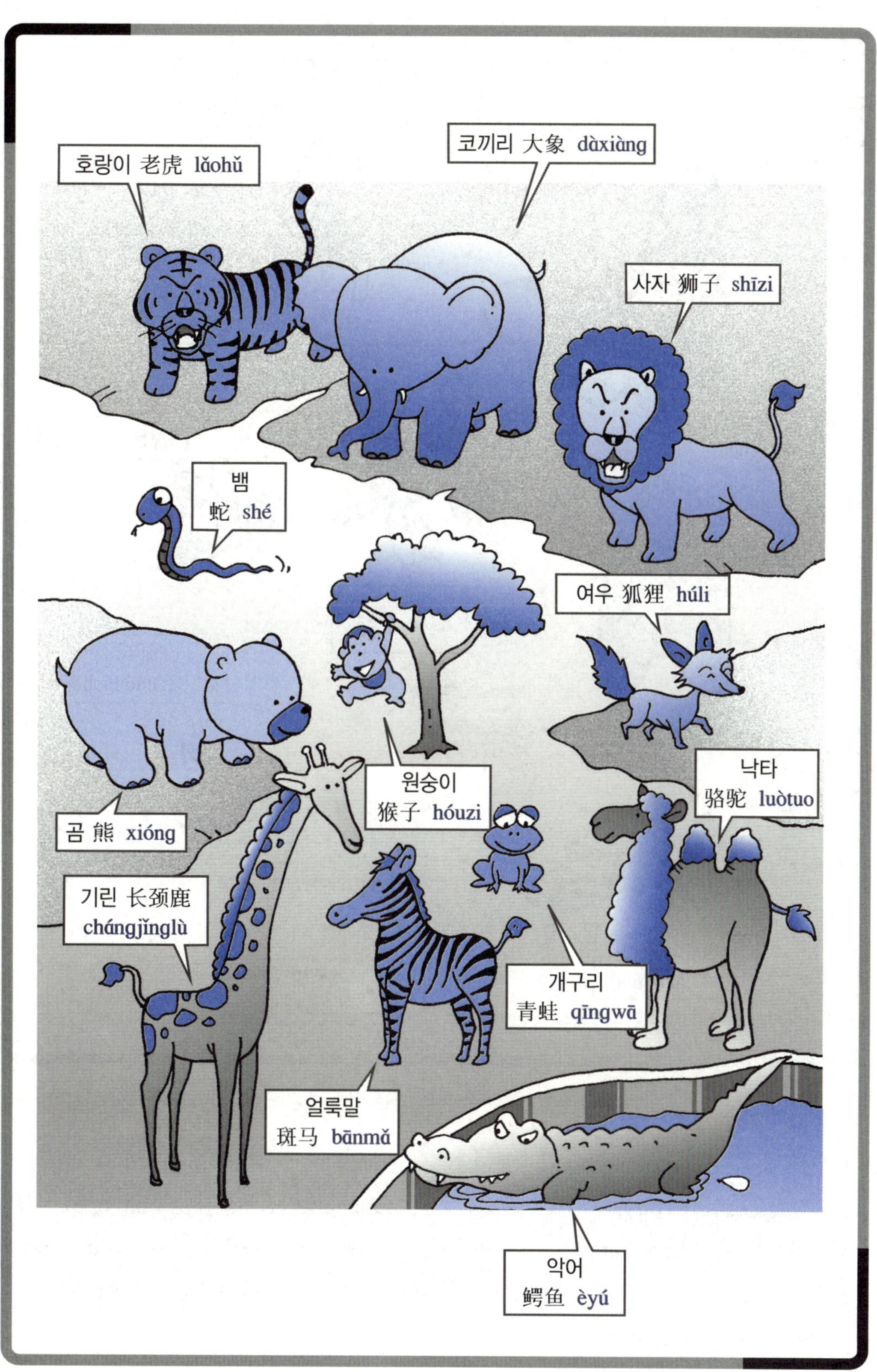

호랑이 老虎 lǎohǔ
코끼리 大象 dàxiàng
사자 狮子 shīzi
뱀 蛇 shé
여우 狐狸 húli
곰 熊 xióng
원숭이 猴子 hóuzi
낙타 骆驼 luòtuo
기린 长颈鹿 chángjǐnglù
개구리 青蛙 qīngwā
얼룩말 斑马 bānmǎ
악어 鳄鱼 èyú

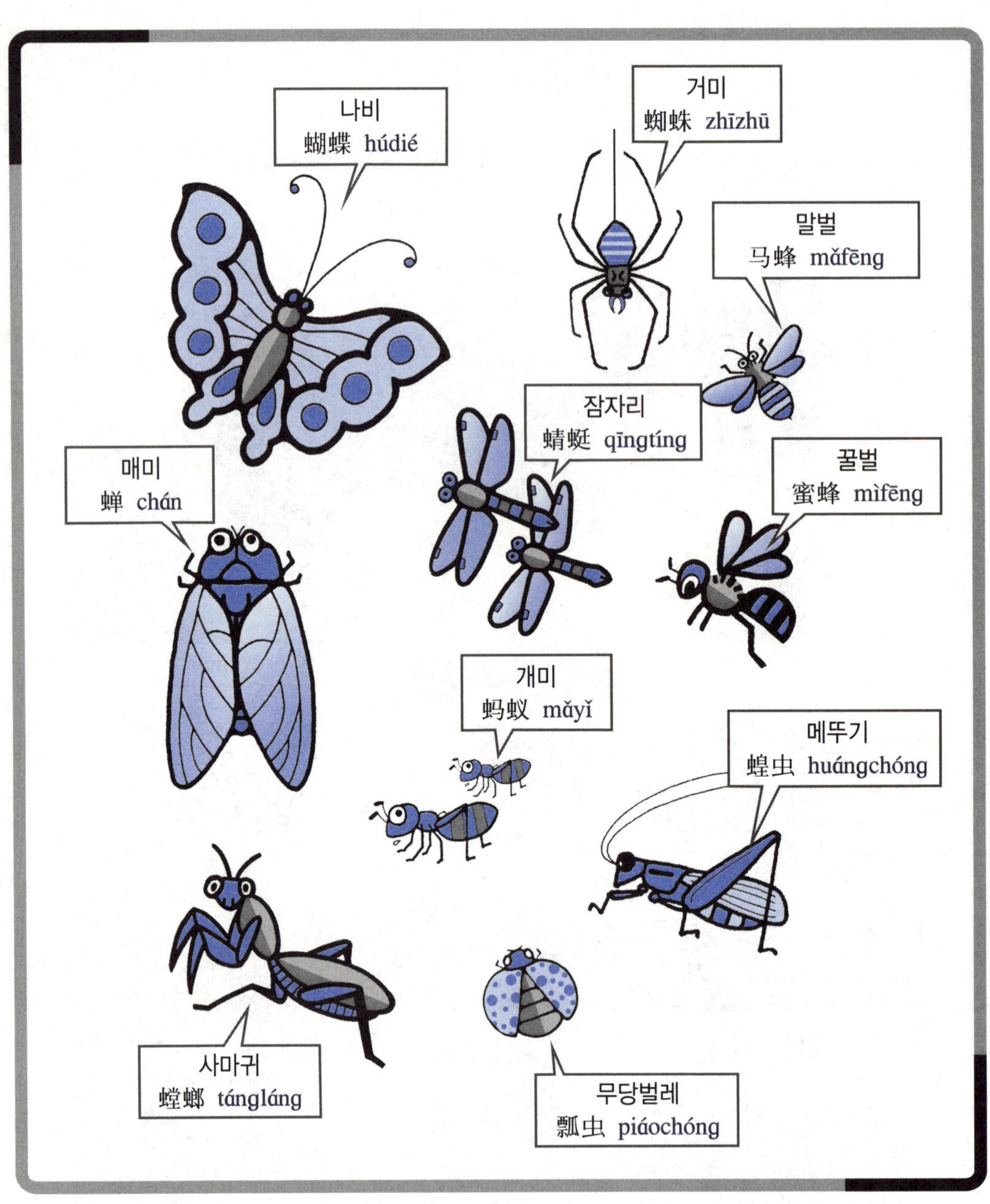

반딧불 萤火虫 yínghuǒchóng	모기 蚊子 wénzi	파리 苍蝇 cāngying
하루살이 蜉蝣 fúyóu	곤충 昆虫 kūnchóng	벌레 虫子 chóngzi
바퀴벌레 蟑螂 zhāngláng	나방 飞蛾 fēi'é	애벌레 幼虫 yòuchóng
고치 茧 jiǎn	누에 蚕 cán	번데기 蚕蛹 cányǒng
풍뎅이 金龟子 jīnguīzi		

 **새(鸟 niǎo)**

- 燕子 yànzi (제비) – 봄의 메신저(春天的使者) chūntiān de shǐzhě
- 鸽子 gēzi (비둘기) – 평화의 비둘기(和平鸽) hépínggē
- 海鸥 hǎi'ōu (갈매기) – 바다의 새(海鸟) hǎiniǎo
- 乌鸦 wūyā (까마귀) – 불행을 예고하는 새(末日使者) mòrìshǐzhě
- 鹦鹉 yīngwǔ (앵무새) – 말하는 새(会说话的鸟) huì shuōhuà de niǎo
- 老鹰 lǎoyīng (독수리) – 힘의 상징(权力的象征) quánlì de xiàngzhēng
- 黄莺 huángyīng (꾀꼬리) – 노래하는 새(唱歌的鸟) chànggē de niǎo

까마귀 乌鸦 wūyā	갈매기 海鸥 hǎi'ōu	공작새 孔雀 kǒngquè
기러기 大雁 dàyàn	까치 喜鹊 xǐquè	나이팅게일 夜莺 yèyīng
독수리 老鹰 lǎoyīng	백조 天鹅 tiān'é	앵무새 鹦鹉 yīngwǔ
참새 麻雀 máquè	학 鹤 hè	

- 一燕不成夏。Yí yàn bù chéng xià。
  (제비 한 마리가 왔다고 여름이 온 것은 아니다.)
- 白色的鸽子是和平的象征。Báisè de gēzi shì hépíng de xiàngzhēng。
  (흰 비둘기는 평화의 상징이다.)
- 未卜先知。Wèibǔxiānzhī。
  (무슨 일이 생길지 알겠다.)

I. 다음 낱말을 중국어로 말해 보세요.

(1) 公牛 gōngniú   _______________

(2) 马 mǎ   _______________

(3) 羊 yáng   _______________

(4) 猪 zhū   _______________

(5) 兔子 tùzi   _______________

(6) 鲨鱼 shāyú   _______________

(7) 螃蟹 pángxiè   _______________

(8) 鲑鱼 guīyú   _______________

(9) 鲸鱼 jīngyú   _______________

(10) 青蛙 qīngwā   _______________

II. 다음 우리말을 중국어로 말해 보세요.

(1) 송아지   _______________

(2) 암탉   _______________

(3) 달팽이   _______________

(4) 거위   _______________

(5) 생쥐   _______________

(6) 참치   _______________

(7) 원숭이   _______________

(8) 개미   _______________

(9) 메뚜기   _______________

(10) 앵무새   _______________

식물 (植物 zhíwù)

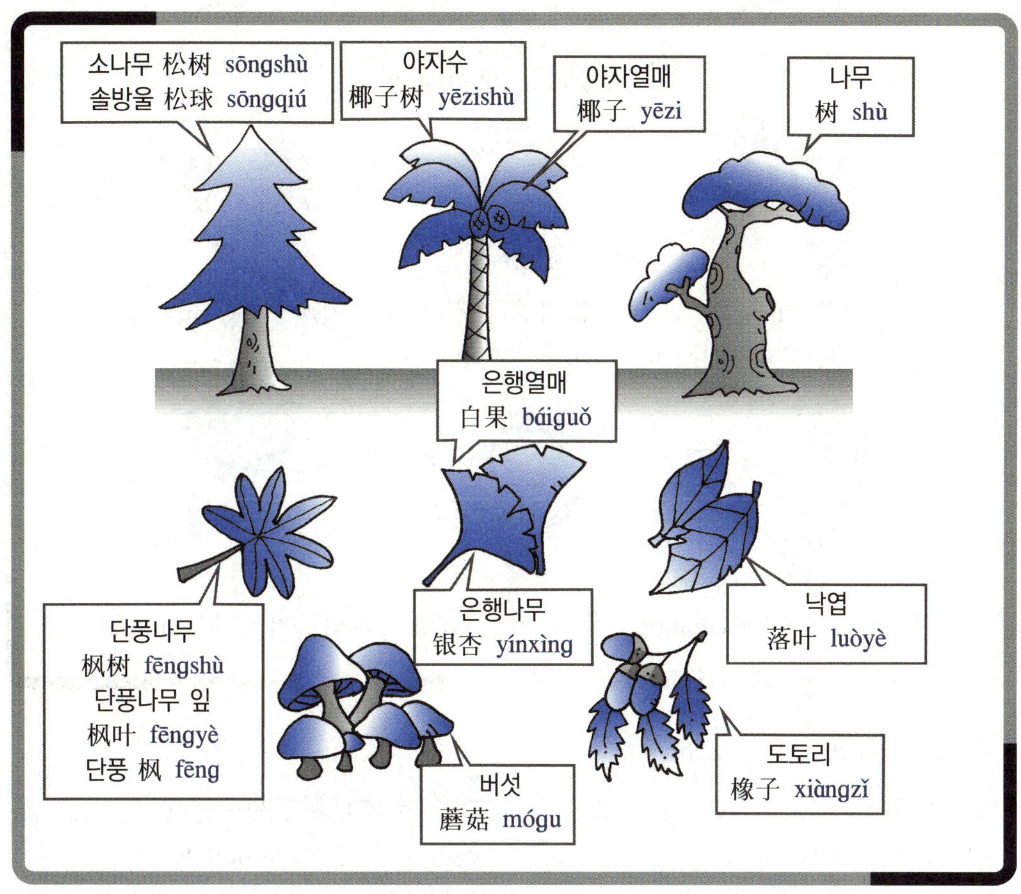

가문비나무 云杉 yúnshān	감 柿子 shìzi	감나무 柿子树 shìzishù
그루터기 树墩 shùdūn	나뭇잎 树叶 shùyè	낙엽송 落叶松 luòyèsōng
대나무 竹 zhú	떡갈나무 橡木 xiàngmù	밤 板栗 bǎnlì
보리수 菩提树 pútíshù	밤나무 板栗树 bǎnlìshù	벚나무 樱花树 yīnghuāshù
뿌리 根 gēn	소나무 松树 sōngshù	수양버들 柳树 liǔshù
월계수 月桂树 yuèguìshù	은행나무 银杏 yínxìng	자작나무 桦树 huàshù
전나무 沙松 shāsōng	포플러 白杨 báiyáng	호두나무 核桃树 hétaoshù
너도밤나무 山毛榉 shāngmáojǔ		오동나무 梧桐树 wútóngshù
잣나무, 삿갓 솔 红松 hóngsōng		참나무, 떡갈나무 橡木 xiàngmù
플라타너스 悬铃木 xuánlíngmù		잔 나뭇가지 分支 fēnzhī
큰 나뭇가지 粗枝 cūzhī		줄기 树干 shùgàn

은방울꽃 铃兰 línglán

카네이션
康乃馨 kāngnǎixīn

국화 菊花 júhuā

튤립 郁金香
yùjīnxiāng

민들레 蒲公英
púgōngyīng

장미 玫瑰 méiguī

수선화 水仙花 shuǐxiānhuā

백합 百合 bǎhé

해바라기 葵花 kuíhuā

개나리 迎春花 yíngchūnhuā	과꽃 翠菊 cuìjú
꽃다발 花束 huāshù	꽃봉오리 花骨朵 huāgǔduo
꽃잎 花瓣 huābàn	나팔꽃 牵牛花 qiānniúhuā
난초 兰花 lánhuā	데이지 雏菊 chújú
동백 山茶 shānchá	라일락 丁香花 dīngxiānghuā
목련 玉兰 yùlán	무궁화 木槿花 mùjǐnhuā
물망초 勿忘草 wùwàngcǎo	백합 百合 bǎihé
수국 水菊 shuǐjú	수련 睡莲 shuìlián
양귀비 罂粟花 yīngsùhuā	잔디 草坪 cǎopíng
장미 玫瑰 méiguī	제라늄 天竺葵 tiānzhúkuí
제비꽃, 오랑캐꽃 菫菜 jǐncài	진달래 杜鹃花 dùjuānhuā
카네이션 康乃馨 kāngnǎixīn	코스모스 波斯菊 bōsījú
튤립 郁金香 yùjīnxiāng	화분 花盆 huāpén · 화분꽃 盆栽 pénzāi

• 到了春天许多花都会绽放。
Dào le chūntiān xǔduō huā dōu huì zhànfàng。
(봄이 되면 꽃이 많이 핀다.)

• 发芽。Fāyá。(싹이 튼다.)

• 结骨朵 Jié gūduo。(꽃봉오리를 맺는다.)

• 植物的梗长出来了。Zhíwù de gěng zhǎngchūlái le。
(그 식물의 줄기가 올라온다.)

• 果实开始熟了。Guǒshí kāishǐ shóu le。(열매가 익는다.)

• 这棵树根很深。Zhè kē shùgēn hěn shēn。(이 나무는 뿌리가 매우 깊다.)

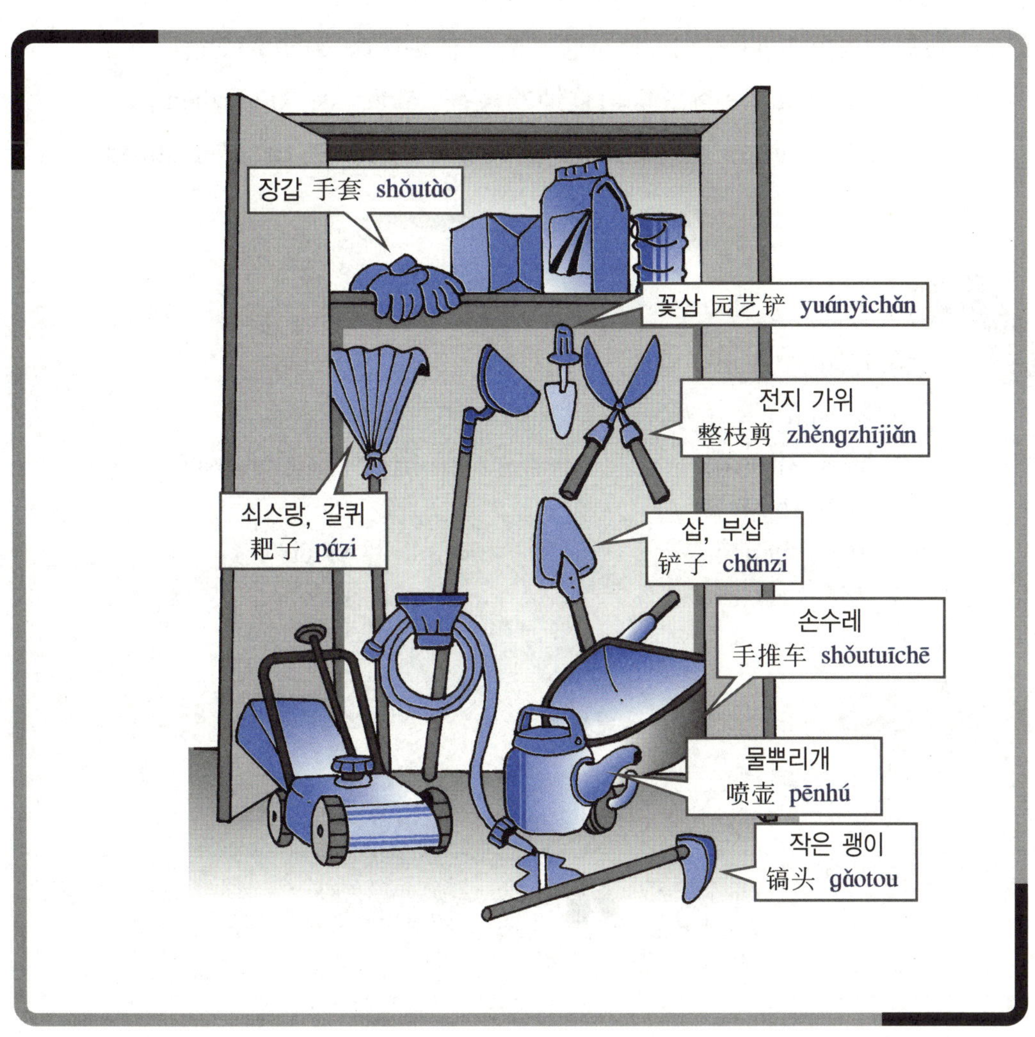

가위 剪刀 jiǎndāo	곡괭이 锄头 chútou	낫 镰刀 liándāo
대패 刨 bào	드라이버 螺丝刀 luósīdāo	망치 锤子 chuízi
못 钉子 dīngzi	밧줄 绳子 shéngzi	붓, 솔 刷子 shuāzi
빗자루 扫帚 sàozhou	소화기 灭火器 mièhuǒqì	손전등 手电筒 shǒudiàntǒng
송곳 锥子 zhuīzi	쓰레기통 垃圾桶 lājītǒng	쓰레받기 簸箕 bòji
연장 工具 gōngjù	연장통 工具盒 gōngjùhé	원예 园艺 yuányì
줄자 卷尺 juǎnchǐ	집게 钳子 qiánzi	톱 锯 jù
파리채 苍蝇拍 cāngyingpāi		

꽃과 상징 (花的象征 huā de xiàngzhēng)

- 玫瑰(장미) méiguī – 사랑의 상징(爱的象征) ài de xiàngzhēng
- 菊花(국화) júhuā – 애도의 꽃(哀悼的象征) āidào de xiàngzhēng
- 百合(백합) bǎihé – 순결의 상징(纯洁的象征) chúnjié de xiàngzhēng

练习

Ⅰ. 다음 중국어를 우리말로 말해 보세요.

(1) 树 shù ___________
(2) 橡子 xiàngzǐ ___________
(3) 树叶 shùyè ___________
(4) 树根 shùgēn ___________
(5) 菩提树 pútíshù ___________

(6) 竹 zhú ___________
(7) 蒲公英 púgōngyīng ___________
(8) 玉兰 yùlán ___________
(9) 扫帚 sàozhou ___________
(10) 钉子 dīngzi ___________

Ⅱ. 낱말은 중국어로 말해 보세요.

(1) 소나무 ___________
(2) 낙엽 ___________
(3) 버섯 ___________
(4) 줄기 ___________
(5) 밤 ___________

(6) 국화 ___________
(7) 연장 ___________
(8) 망치 ___________
(9) 드라이버 ___________
(10) 가위 ___________

채소 (蔬菜 shūcài)

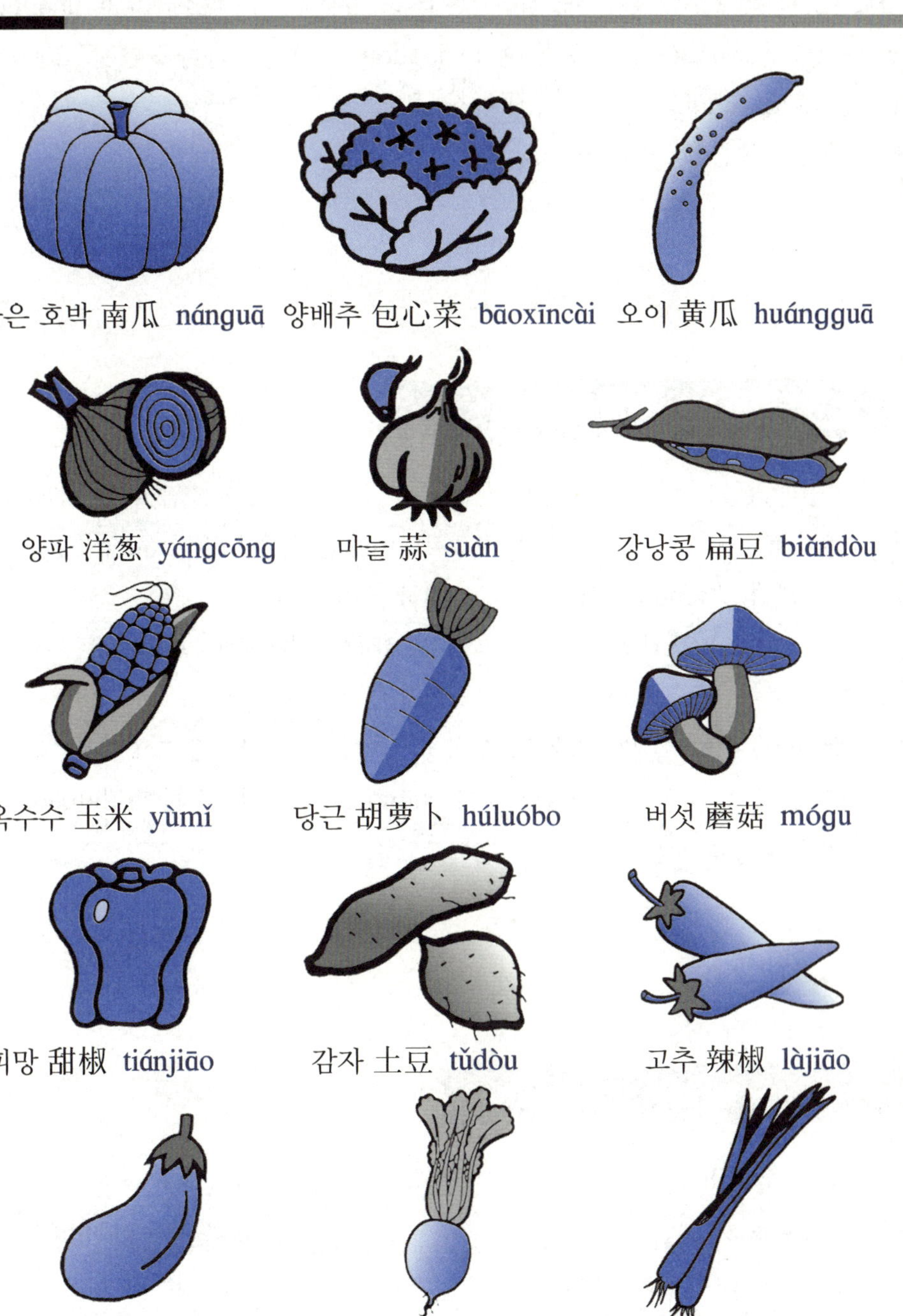

늙은 호박 南瓜 nánguā
양배추 包心菜 bāoxīncài
오이 黄瓜 huángguā
양파 洋葱 yángcōng
마늘 蒜 suàn
강낭콩 扁豆 biǎndòu
옥수수 玉米 yùmǐ
당근 胡萝卜 húluóbo
버섯 蘑菇 mógu
피망 甜椒 tiánjiāo
감자 土豆 tǔdòu
고추 辣椒 làjiāo
가지 茄子 qiézi
붉은 무 红萝卜 hóngluóbo
파 葱 cōng

근대 甜菜 tiáncài	녹두 绿豆 lǜdòu	무 萝卜 luóbo
배추 白菜 báicài	양배추 包心菜 bāoxīncài	상추 生菜 shēngcài
샐러리 芹菜 qíncài	시금치 菠菜 bōcài	실파 小葱 xiǎocōng
아보카도 鳄梨 èlí	아스파라거스 芦笋 lúsǔn	애호박 角瓜 jiǎoguā
완두콩 豌豆 wāndòu	콩 黄豆 huángdòu	콩나물 豆芽 dòuyá
토마토 番茄 fānqié	팥 红豆 hóngdòu	
빨간 양배추 卷心菜 juǎnxīncài		

 **조미료나 향신료(调料 tiáoliào)**

겨자 芥菜 jiècài	계피 桂皮 guìpí	굵은 소금 粗盐 cūyán
깨 芝麻 zhīma	로즈마리 迷迭香 mídiéxiāng	
마요라나 墨角兰 mòjiǎolán	박하 薄荷 bòhe	
백리향 百里香 bǎilǐxiāng	사프란 藏红花 zànghónghuā	
샐비어 一串红 yíchuànhóng	생강 生姜 shēngjiāng	
설탕 糖 táng	소금 盐 yán	식초 醋 cù
오일 油 yóu	파슬리 香菜 xiāngcài	회향풀 茴香 huíxiāng
후추 胡椒 hújiāo		

 **견과류(坚果类 jiānguǒlèi)**

땅콩 花生 huāshēng	아몬드 杏仁 xìngrén
잣 松子 sōngzǐ	코코넛 可可坚果 kěkějiānguǒ
피스타치오 开心果 kāixīnguǒ	해바라기 씨 瓜子 guāzǐ
헤이즐넛 榛子 zhēnzi	호두 核桃 hétao

Ⅰ. 다음 낱말을 한국어로 번역하고 나서 중국어로 읽어 보세요.

(1) 黄瓜 huángguā   ____________________

(2) 蒜 suàn   ____________________

(3) 胡萝卜 húluóbo   ____________________

(4) 葱 cōng   ____________________

(5) 萝卜 luóbo   ____________________

(6) 芦笋 lúsǔn   ____________________

(7) 桂皮 guìpí   ____________________

(8) 芥菜 jiècài   ____________________

(9) 盐 yán   ____________________

(10) 核桃 hétao   ____________________

Ⅱ. 다음 우리말을 중국어로 말해 보세요.

(1) 양파   ____________________

(2) 옥수수   ____________________

(3) 감자   ____________________

(4) 가지   ____________________

(5) 상추   ____________________

(6) 시금치   ____________________

(7) 생강   ____________________

(8) 후추   ____________________

(9) 설탕   ____________________

(10) 아몬드   ____________________

과일 (水果 shuǐguǒ)

딸기 草莓 cǎoméi
산딸기 野莓 yěméi

사과 苹果 píngguǒ

바나나 香蕉 xiāngjiāo

감 柿子 shìzi

버찌 樱桃 yīngtao

참외 香瓜 xiāngguā

복숭아 桃子 táozi

파인애플
菠萝 bōluó

포도
葡萄 pútao

석류 石榴 shíliu

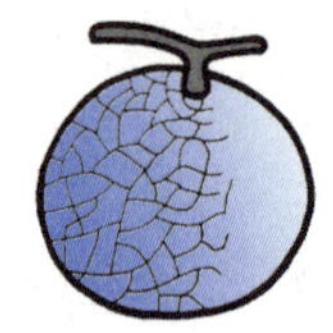

메론 甜瓜 tiánguā

수박 西瓜 xīguā

레몬 柠檬 níngméng	망고 芒果 mángguǒ	무화과 无花果 wúhuāguǒ
밀감 蜜柑 mìgān	배 梨 lí	살구 杏 xìng
오디 桑 sāng	오렌지 橙子 chéngzi	자두 李子 lǐzi
자몽 柚子 yòuzi	키위 猕猴桃 míhóutáo	

과일〈水果 shuǐguǒ〉과 과일나무〈果树 guǒshù〉

- 苹果 píngguǒ (사과) – 苹果树 píngguǒshù (사과나무)
- 梨 lí (배) – 梨树 líshù (배나무)
- 橄榄 gǎnlǎn (올리브) – 橄榄树 gǎnlǎnshù (올리브나무)
- 核桃 hétáo (호두) – 核桃树 hétáoshù (호두나무)
- 柿子 shìzi (감) – 柿子树 shìzishù (감나무)
- 桃子 táozi (복숭아) – 桃树 táoshù (복숭아나무)
- 樱桃 yīngtao (버찌) – 樱桃树 yīngtaoshù (버찌나무)
- 无花果 wúhuāguǒ (무화과) – 无花果树 wúhuāguǒshù (무화과 나무)

练习

I. 다음 중국어를 우리말로 말해 보세요.

(1) 草莓 cǎoméi __________ 　(7) 李子 lǐzi __________

(2) 苹果 píngguǒ __________ 　(8) 柿子 shìzi __________

(3) 桃子 táozi __________ 　(9) 柠檬 níngméng __________

(4) 菠萝 bōluó __________

(5) 梨 lí __________ 　(10) 香瓜 xiāngguā __________

(6) 桑 sāng __________

II. 낱말은 중국어로 말해 보세요.

(1) 바나나 __________ 　(6) 자몽 __________

(2) 버찌 __________ 　(7) 밀감 __________

(3) 석류 __________ 　(8) 호두나무 __________

(4) 수박 __________ 　(9) 포도 __________

(5) 살구 __________ 　(10) 무화과 __________

자연과 자연 재해 (自然与自然灾害 zìrán yǔ zìrán zāihài)

강 河 hé	강 언덕 河边 hébiān	호수 湖 hú
연안, 해안 海岸 hǎi'àn	해변, 바닷가 海滩 hǎitān	바위 岩石 yánshí
부두 码头 mǎtóu	파도 波浪 bōlàng	
거친 바다 汹涌的大海 xiōngyǒng de dàhǎi		
잔잔한 바다 平静的海面 píngjìng de hǎimiàn		
담수/민물 淡水 dànshuǐ	염수/바닷물 海水 hǎishuǐ	조수 潮水 cháoshuǐ
밀물 涨潮 zhǎngcháo	썰물 退潮 tuìcháo	

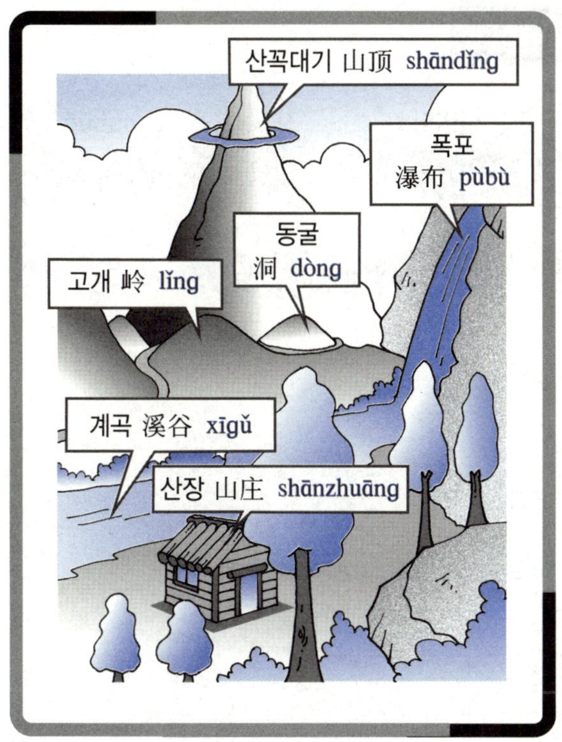

고도 高度 gāodù
비탈길 上坡 shàngpō
급류 急流 jíliú
오두막 窝棚 wōpéng
평원 平原 píngyuán
작은 언덕 小山 xiǎoshān

풀밭 草坪 cǎopíng
언덕, 구릉 丘陵 qiūlíng
촌 村 cūn

동네, 지역 地区 dìqū
시골, 전원 乡村 xiāngcūn

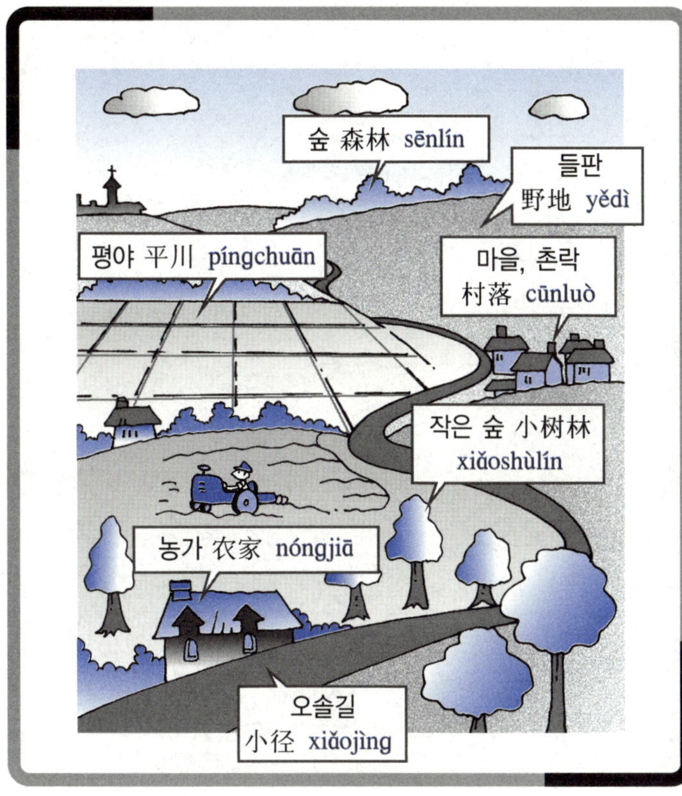

눈사태 雪崩 xuěbēng	태풍 台风 táifēng	산불 山火 shānhuǒ
폭풍우 暴风雨 bàofēngyǔ	지진 地震 dìzhèn	해일 海啸 hǎixiào
번개 闪电 shǎndiàn	벼락 雷电 léidiàn	천둥 雷 léi
폭풍 暴风 bàofēng	활화산 活火山 huóhuǒshān	

习练

Ⅰ. 다음 중국어를 우리말로 말해 보세요.

(1) 船 chuán　　________________________

(2) 鹅卵石 éluǎnshí　　________________________

(3) 岩石 yánshí　　________________________

(4) 码头 mǎtóu　　________________________

(5) 海 hǎi　　________________________

(6) 河 hé　　________________________

(7) 淡水 dànshuǐ　　________________________

(8) 洞 dòng　　________________________

(9) 平原 píngyuán　　________________________

(10) 小径 xiǎjìng　　________________________

Ⅱ. 다음 낱말을 중국어로 말해 보세요.

(1) 절벽　　________________________

(2) 구명조끼　　________________________

(3) 모래　　________________________

(4) 해안　　________________________

(5) 거친 바다　　________________________

(6) 조수　　________________________

(7) 고개　　________________________

(8) 농가　　________________________

(9) 산불　　________________________

(10) 해일　　________________________

36 색깔 (颜色 yánsè) － Ⅰ

색깔 형용사 (色彩形容词 sècǎi xíngróngcí)

빨간 红 hóng	자주색의 紫 zǐ	주황색의 橙 chéng
장미빛 색의, 밝은 분홍색의 浅粉 qiǎnfěn		
핑크색의, 짙은 분홍색의 深粉 shēnfěn		
오렌지색의 桔黄 júhuáng	파란 蓝 lán	하늘색의 天蓝 tiānlán
노란 黄 huáng	회색의 灰 huī	하얀 白 bái
검은 黑 hēi	갈색의 褐 hè	적갈색의 红棕 hóngzōng

초록의 绿 lǜ	베이지색의 米色 mǐsè	보라색의 青紫色 qīngzǐsè
연보라색의 淡紫 dànzǐ	밤색의 栗色 lìsè	

~色 sè ~색의

米色 mǐsè 베이지 색의	乳色 rǔsè 크림색
象牙色 xiàngyásè 상아색의	金黄色 jīnhuángsè 금색의
鲑鱼色 guīyúsè 연어색의	桔黄色 júhuángsè 오렌지색의
淡雅色 dànyǎsè 파스텔색의	粉红色 fěnhóngsè 핑크색의
紫红色 zǐhóngsè 자주색의	玫瑰色 méiguīsè 장미빛색의
银色 yínsè 은색의	

■ 淡/浅 dàn/qiǎn 밝은

- 淡/浅绿色 dàn/qiǎnlǜsè 밝은/연한 녹색
- 淡/浅青色 dàn/qiǎnqīngsè 밝은/연한 청색
- 淡/浅褐色 dàn/qiǎnhèsè 밝은/연한 갈색
- 淡/浅灰色 dàn/qiǎnhuīsè 밝은/연한 회색
- 淡/浅红色 dàn/qiǎnhóngsè 밝은/연한 빨간색

■ 暗/深　àn/shēn　어두운

- 暗/深绿色　àn/shēnlǜsè　어두운/짙은 초록색
- 暗/深灰色　àn/shēnhuīsè　어두운/짙은 회색
- 暗/深蓝色　àn/shēnlánsè　어두운/짙은 파란색
- 暗/深红色　àn/shēnhóngsè　어두운/짙은 빨간색
- 暗/深褐色　àn/shēnhèsè　어두운/짙은 갈색

불그스름한 红通通　hóngtōngtōng	초록빛이 도는 绿油油　lǜyóuyóu
푸르스름한 蓝湛湛　lánzhànzhàn	누르스름한 黄澄澄　huángdèngdèng
거무스름한 黑乎乎　hēihūhū	희끄무레한 白花花　báihuāhuā

스카이블루 天蓝色　tiānlánsè	남색 藏蓝色　zànglánsè
청록색 青绿色　qīnglǜsè	단색의 单色　dānsè
다채로운 彩色　cǎisè	흑백 黑白　hēibái
밝은 浅/淡　qiǎn/dàn	진한 深/暗　shēn/àn
불투명한 浑浊的　húnzhuóde	무광택의 无光的　wúguāngde
빛이 나는 发亮的　fāliàngde	
아주 대조적인 鲜明地对比　xiānmíng de duìbǐ	
약간 대조적인 一些对比　yì xiē duìbǐ	

I. 다음 중국어를 우리말로 말해 보세요.

(1) 黑 hēi   ____________________

(2) 红 hóng   ____________________

(3) 白 bái   ____________________

(4) 绿 lǜ   ____________________

(5) 蓝 lán   ____________________

(6) 褐 hè   ____________________

(7) 浅红 qiǎnhóng   ____________________

(8) 深蓝 shēnlán   ____________________

(9) 桔黄 júhuáng   ____________________

(10) 粉红 fěnhóng   ____________________

II. 다음 낱말을 중국어로 말해 보세요.

(1) 노란   ____________________

(2) 회색의   ____________________

(3) 자주색의   ____________________

(4) 보라색의   ____________________

(5) 불그스름한   ____________________

(6) 누르스름한   ____________________

(7) 청록색의   ____________________

(8) 단색의   ____________________

(9) 다채로운   ____________________

(10) 불투명한   ____________________

• 那是什么颜色？ Nà shì shénme yánsè? (그것은 무슨 색이냐?)

　– 那是蓝色。 Nà shì lánsè。 (그것은 파란색이다.)

• 她的头发是什么颜色？ Tā de tóufa shì shénme yánsè?

　(그녀의 머리카락은 무슨 색이냐?)

　– 她的头发是黑色。 Tā de tóufa shì hēisè。

　　(그녀의 머리카락은 검은색이다.)

• 她的眼睛是什么颜色？ Tā de yǎnjing shì shénme yánsè?

　(그녀의 눈은 무슨 색이냐?)

　– 她的眼睛是蓝色。 Tā de yǎnjing shì lánsè。

　　(그녀의 눈은 파랗다.)

• 你的眼睛为什么那么红？ Nǐ de yǎnjing wèishénme nàme hóng?

　(너 왜 눈이 그렇게 빨갛지?)

　– 我的眼睛是因为长时间在电脑前工作而变红的。

　　Wǒ de yǎnjing shì yīnwèi chángshíjiān zài diànnǎo qián gōngzuò ér

　　biàn hóng de。

　　(내 눈은 컴퓨터 작업으로 빨갛다.)

• 我要把这个箱子刷成黄色。

　Wǒ yào bǎ zhè ge xiāngzi shuāchéng huángsè。

　(나는 이 상자를 노란색으로 칠하겠다.)

■ **숙어적 표현** 俗语 súyǔ

• 清白 qīngbái 결백하다

　– 政治家几乎没有清白的。 Zhèngzhìjiā jīhū méiyǒu qīngbái de。

　　(죄 없는 정치가는 거의 없다.)

• 雪白 xuěbái 눈처럼 하얀

　– 白雪公主的皮肤是雪白雪白的。

　　Báixuěgōngzhǔ de pífu shì xuěbái xuěbái de。

　　(백설공주의 피부는 눈처럼 하얗다.)

• 醉 zuì 취하다
  – 昨天晚上我完全醉了。Zuótiān wǎnshang wǒ wánquán zuì le。
    (나는 어젯밤 완전히 취했다.)

• 眼眶发青 yǎnkuàng fāqīng 눈이 멍들다
  – 我撞到门上把眼眶撞青了。
    Wǒ zhuàngdào mén shang bǎ yǎnkuàng zhuàngqīng le。
    (나는 문에 부딪혀서 눈이 멍들었다.)

• 无端旷工 wúduān kuànggōng 무단으로 결근하다
  – 这个月他已经三次无端旷工了。
    Zhè ge yuè tā yǐjīng sān cì wúduān kuànggōng le。
    (그는 이 달에 벌써 3번이나 무단으로 결근하였다.)

• 眼前一片漆黑。yǎnqián yípiàn qīhēi。 비관적으로 보다
  – 股价跌落后，许多股民的眼前都是一片漆黑。
    Gǔjià diēluò hòu, xǔduō gǔmín de yǎnqián dōu shì yípiàn qīhēi。
    (주가가 떨어진 후 많은 투자자들이 비관적이 되었다.)
  – 他是一个悲观主义者，总觉得眼前一片漆黑。
    Tā shì yí gè bēiguānzhǔyìzhě, zǒng juéde yǎngián yípiàn qī hēi。
    (그는 염세주의자이다. 모든 것을 즉각 비관적으로 본다.)

• 气得脸都黑了。Qì de liǎn dōu hēile。 매우 화가 나다
  – 因为这件事情我气得脸都黑了。
    Yīnwèi zhè jiàn shìqing wǒ qì de liǎn dōu hēi le。
    (나는 이 일로 매우 화가 났었다.)

• 一片光明 yípiàn guāngmíng 낙관적으로 보다
  – 他总觉得眼前一片光明。
    Tā zǒng juéde yǎn qián yípiàn guāngmíng。
    (그는 모든 것을 낙관적으로 본다.)

• 妒忌得脸都绿了。Dùjì de liǎn dōu lù le。 시기심에 불타다
  – 继母因白雪公主比自己漂亮妒忌得脸都绿了。
    Jìmǔ yīn báixuěgōngzhǔ bǐ zìjǐ piàoliang dùjì de liǎn dōu lù le。
    (계모는 백설공주가 자기보다 더 예뻤기 때문에 시기심에 불탔다.)

• 赔本 péiběn 적자를 보다
  – 那家公司开始几年是盈利的，但是由于经济危机赔本了。
    Nà jiā gōngsī kāishǐ jǐnián shì yínglì de, dànshì yóuyú jīngjì wēijī

péiběn le.
(그 회사가 처음 몇 년 동안에는 흑자를 기록했으나, 경제위기 때 적자를 보았다.)

- 脸红 liǎnhóng 얼굴이 붉어지다
  - 他气得脸都红了。Tā qì de liǎn dōu hóng le。
    (그는 화가 나서 얼굴이 붉어졌다.)
  - 她紧张的时候容易脸红。Tā jǐnzhāng de shíhou róngyi liǎnhóng。
    (그녀는 당황하면 쉽게 얼굴이 붉어진다.)
  - 我喝一杯红酒也会脸红。Wǒ hē yìbēi hóngjiǔ yě huì liǎnhóng。
    (나는 와인을 한 잔만 마셔도 얼굴이 붉어진다.)

- 立即变脸。Lìjí biànliǎn。 즉시 화를 내다.
  - 别说他前女友的事情，要不然他会立即变脸。
    Bié shuō tā qiánnǚyǒu de shìqing, yàoburán tā huì lìjí biànliǎn。
    (그의 옛 여자 친구 얘기를 하지 마라. 그 말만 하면 그는 즉시 화를 낸다.)

- 查电话薄。Chá diànhuàbù。 전화번호부를 찾다.
  - 不知道那个公司电话号的话就查一下电话簿。
    Bùzhīdào nà ge gōngsī de diànhuà de huà jiù chá yi xià diànhuàbù。
    (그 회사 전화번호를 모르면, 전화번호부를 찾아 봐.)

- 黄牌 huángpái (축구) 옐로우 카드
  - 裁判向那个选手亮出了黄牌。
    Cáipàn xiàng nà ge xuǎnshǒu liàngchū le huángpái。
    (심판이 그 선수에게 옐로우 카드를 보였다.)

- 最完善。Zuì wánshàn。 최상인 것
  - 新的规则还不是最完善的，还有几项需要改善。
    Xīn de guīzé hái bú shì zuì wánshàn de, háiyǒu jǐ xiàng xūyào gǎishàn。
    (새 규정도 여전히 최상은 아니다. 몇 가지가 더 개선되어야 한다.)

- 踏青 tàqīng (푸른 나무들이 있는) 야외로 가다
  - 我们周末经常去郊外踏青。Wǒmen zhōumò jīngcháng qù jiāowài tàqīng。
    (주말에 우리는 자주 야외로 나간다.)

- 乳臭未干 Rǔxiù wèigān 머리에 피도 안 말랐다
  - 他还乳臭未干，还需要学很多。
    Tā hái rǔxiù wèigān, hái xūyào xué hěn duō。
    (그는 아직 풋내기이다. 아직 많이 배워야 한다.)

- 环保政策 huánbǎo zhèngcè 친환경정책

- 环保政策已经不是选择项，而是必选项。

  Huánbǎo zhèngcè yǐjīng bú shì xuǎnzéxiàng, érshì bìxuǎnxiàng。

  (친환경 정책은 더 이상 선택사항이 아니라, 필수적인 일이다.)

• 白色 báisè(흰색) – 纯 chún(순수)

 - 她穿着纯白的婚纱举行婚礼。Tā chuān zhe chúnbái de hūnshā jǔxíng hūnlǐ。 (그녀는 하얀 드레스를 입고 결혼한다.)

 - 她的脸都白了。Tā de liǎn dōu cāngbái le。

   (그녀의 얼굴이 핏기가 하나도 없이 하얗게 되었다.)

• 打黑工 dǎ hēigōng 불법 노동

 - 打黑工指的是不缴纳税金的劳动行为。

   Dǎ hēigōng zhǐ de shì bù jiǎonà shuìjīn de láodòng xíngwéi。

   (불법 노동이란 세금을 내지 않고 하는 노동 행위이다.)

• 打黑工 dǎ hēigōng 불법으로 일하다

 - 因为他没有务工许可证，所以他只能打黑工。

   Yīnwèi tā méiyǒu wùgōng xǔkězhèng, suǒyǐ tā zhǐnéng dǎ hēigōng。

   (그는 노동허가서가 없기 때문에 불법으로 (몰래) 일해야 한다.)

• 黑市 hēishì 암시장

• 无误 wúwù 적중하다

 - 你的猜测是无误的。Nǐ de cāicè shì wúwù de。

   (너의 짐작은 적중했다.)

• 중국 국기의 색

  红/黄 hóng/huáng

보 충

红旗

　바탕은 붉은색이고, 정방형 모양이다. 왼쪽 위에 노란색의 작은별이 4개, 큰 별이 하나 있는데 작은 별들이 큰 별들을 둘러싸고 있다.

　바탕의 붉은색은 혁명을 상징하고 별의 노란색은 중화민족이 황색인종임을 뜻한다. 큰 별을 중국 공산당을 가르키고 작은별은 공인, 농민, 소자산계급 및 민족자산계급을 가르킨다.

I. 중국어를 우리말로 말해 보세요.

(1) 这是什么颜色? Zhè shì shénme yánsè?

____

(2) 她的头发是黑色的。 Tā de tóufa shì hēisè de。

____

(3) 他的眼睛是蓝色的。 Tā de yǎnjīng shì lánsè de。

____

(4) 他气得脸都红了。 Tā qì de liǎn dōu hóng le。

____

II. 다음 우리말을 중국어로 말해 보세오.

(1) 불법노동

____

(2) 그 회사가 흑자를 기록했다.

____

(3) 그는 불법으로 일한다.

____

(4) 주말에 우리는 자주 야외로 나간다.

____

(5) 그는 염세주의자이다. 모든 것을 즉각 비관적으로 본다.

____

성격, 특징 (性格, 特征 xìnggé, tèzhēng)

참을성 없다
不耐烦 bú nàifán

총명한, 지적이다
聪明, 智慧
cōngmíng, zhìhuì

게으른, 무기력하다
懒惰 lǎnduò

끈기있는, 참을성 있다
有耐心 yǒu nàixīn

바보스럽다
傻乎乎 shǎhūhū

충동적이다
冲动 chōngdòng

신중하다
谨慎 jǐnshèn

수다스럽다
贫嘴 pínzuǐ

과묵하다
沉默 chénmò

완고한, 고집불통이다 顽固 wángù

냉담하다 冷淡 lěngdàn

크다 大 dà

작다 小 xiǎo

날씬하다 瘦 shòu

살찌다 胖 pàng

유연하다 柔软 róuruǎn

뻣뻣하다
僵硬 jiāngyìng

마르다 瘦 shòu

포동포동하다
胖乎乎 pànghūhū

활동적이다
活跃 huóyuè

둥근 圆 yuán 긴 长 cháng 각진 方 fāng

타원형의 椭圆 tuǒyuán 삼각형의 三角形 sānjiǎoxíng

他 Tā 个子很矮。 gèzi hěn ǎi。 (그는 키가 아주 작다.)
　　　个子矮。　 gèzi ǎi。 (키가 작다.)
　　　个子一般。 gèzi yìbān。 (키가 보통이다.)
　　　个子高。　 gèzi gāo。 (키가 크다.)
　　　个子很高。 gèzi hěn gāo。 (키가 아주 크다.)
　　　是巨人。　 shì jùrén。 (거구이다.)

她 Tā 很瘦。　　 hěn shòu。 (그녀는 말랐다.)
　　　瘦。　　　 shòu。 (날씬하다.)
　　　胖乎乎的。 pànghūhū de。 (포동포동하다.)
　　　很胖。　　 hěn pàng。 (뚱뚱하다/살쪘다.)
　　　超胖。　　 chāo pàng。 (비만이다.)

Ⅰ. 다음 낱말을 우리말로 말해 보세요.

(1) 聪明 cōngming ___________________

(2) 耐心 nàixīn ___________________

(3) 笨 bèn ___________________

(4) 贫嘴 pínzuǐ ___________________

(5) 顽固 wángù ___________________

(6) 胖 pàng ___________________

(7) 瘦 shòu ___________________

(8) 柔软 róuruǎn ___________________

(9) 方 fāng ___________________

(10) 椭圆 tuǒyuán ___________________

Ⅱ. 다음 우리말을 중국어로 말하세요.

(1) 참을성 없는 ___________________

(2) 게으른 ___________________

(3) 과묵한 ___________________

(4) 포동포동한 ___________________

(5) 둥근 ___________________

(6) 각진 ___________________

(7) 날씬한 ___________________

(8) 유연한 ___________________

(9) 냉담한 ___________________

(10) 신중한 ___________________

수 (数 shù) − Ⅰ

0

零 líng

1 一 yī

2 二 èr

3 三 sān

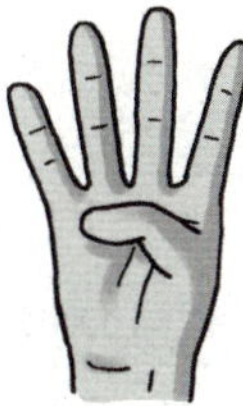

4 四 sì

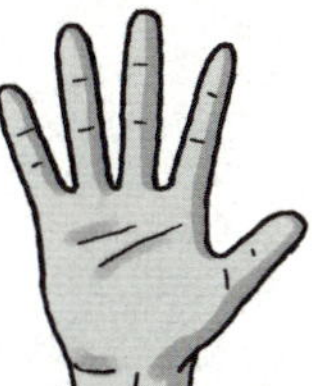

5 五 wǔ

6 六 liù

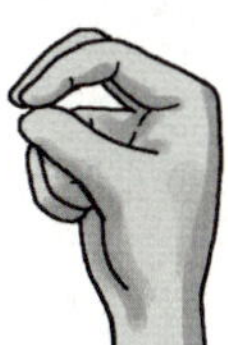

7 七 qī

8 八 bā

9 九 jiǔ

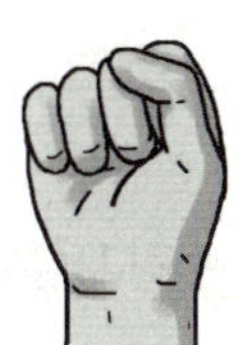

10 十 shí

11 十一 shíyī	12 十二 shí'èr
13 十三 shísān	14 十四 shísì
15 十五 shíwǔ	16 十六 shíliù
17 十七 shíqī	18 十八 shíbā
19 十九 shíjiǔ	20 二十 èrshí
21 二十一 èrshíyī	22 二十二 èrshí'èr
23 二十三 èrshísān	24 二十四 èrshísì
25 二十五 èrshíwǔ	26 二十六 èrshíliù
27 二十七 èrshíqī	28 二十八 èrshíbā
29 二十九 èrshíjiǔ	30 三十 sānshí

31 三十一 sānshíyī	40 四十 sìshí
41 四十一 sìshíyī	50 五十 wǔshí
51 五十一 wǔshíyī	60 六十 liùshí
61 六十一 liùshíyī	70 七十 qīshí
71 七十一 qīshíyī	80 八十 bāshí
81 八十一 bāshíyī	

90	九十	jiǔshí
91	九十一	jiǔshíyī
100	百	bǎi
1000	千	qiān
100.000	十万	shíwàn
1.000.000	百万	bǎiwàn
10.000.000	千万	qiānwàn
1.000.000.000	十亿	shíyì
1.000.000.000.000	兆	zhào

■ 수량사(数量词 shùliàngcí)

一本书 yì běn shū 한 권의 책	一枝花 yì zhī huā 한 송이의 꽃
三本书 sān běn shū 세 권의 책	三枝玫瑰 sān zhī méiguī 세 송이의 장미

서수〈序号 xùhào〉

■ 서수는 기수에 第 dì를 붙이다

1. 第一 dìyī	5. 第五 dìwǔ
2. 第二 dì'èr	6. 第六 dìliù
3. 第三 dìsān	7. 第七 dìqī
4. 第四 dìsì	8. 第八 dìbā

9. 第九	*dìjiǔ*		40. 第四十	*dìsìshí*
10. 第十	*dìshí*		50. 第五十	*dìwǔshí*
11. 第十一	*dìshíyī*		60. 第六十	*dìliùshí*
12. 第十二	*dìshí'èr*		70. 第七十	*dìqīshí*
13. 第十三	*dìshísān*		80. 第八十	*dìbāshí*
19. 第十九	*dìshíjiǔ*		90. 第九十	*dìjiǔshí*
20. 第二十	*dì'èrshí*		100. 第一百	*dìyìbǎi*
30. 第三十	*dìsānshí*			

- 我住十一楼 **Wǒ zhù shíyī lóu**。

(나는 11층에 산다.)

- 第一个到的是谁? **Dìyigè dào de shì shuí?**

(누가 첫 번째로 도착했습니까?)

- 你已经第二次迟到了。**Nǐ yǐjīng dì'èrcì chídào le**。

(네가 늦게 온 것이 벌써 두 번째이다.)

- 第五排还有空位子。**Dìwǔpái háiyǒu kòng wèizi**。

(다섯 번째 줄에 아직 자리가 비어있다.)

- 韩国队现在是第三名了。**Hánguóduì xiànzài shì dìsānmíng le**。

(한국 팀이 이제 3등이다.)

- 五月一号是劳动节。**Wǔ yuè yī hào shì láodòngjié**。

(5월 1일은 노동절이다.)

- 十月一号是中国建国的日子。**Shí yuè yī hào shì Zhōngguó jiànguó de rìzi**。(10월 1일은 중국 건국일이다.)

- 圣诞节是十二月二十五号。**Shèngdànjié shì shí'èr yuè èrshíwǔ hào**。

(크리스마스는 12월 25일이다.)

- 我的生日是五月八号。**Wǒ de shēngrì shì wǔ yuè bā hào**。

(나는 5월 8일이 생일이다.)

- 李刚是一七四九年八月二十八日在中国东北出生的。

Lǐgāng shì yīqīsìjiǔ nián bā yuè èrshíbā rì zài Zhōngguó dōngběi chūshēng de.

(이강은 1749년 8월 28일 중국 동북부에서 태어났다.)

Ⅰ. 다음 낱말을 중국어로 말해 보세요.

(1) 기수 _______________

(2) 서수 _______________

(3) 16 _______________

(4) 23 _______________

(5) 십만 _______________

(6) 천만 _______________

(7) 7번째 _______________

(8) 11번째 _______________

(9) 30번째 _______________

(10) 백번째 _______________

Ⅱ. 다음 우리말을 중국어로 말하세요.

(1) 나는 3층에 산다.

____

(2) 내 생일은 10월 8일이다.

____

(3) 6번째 줄에 아직 자리가 비어있습니다.

____

(4) 10월 1일은 중국 건국일의 날이다.

____

(5) 네가 늦게 온 것이 벌써 3번째이다.

____

수(数 shù) – Ⅱ

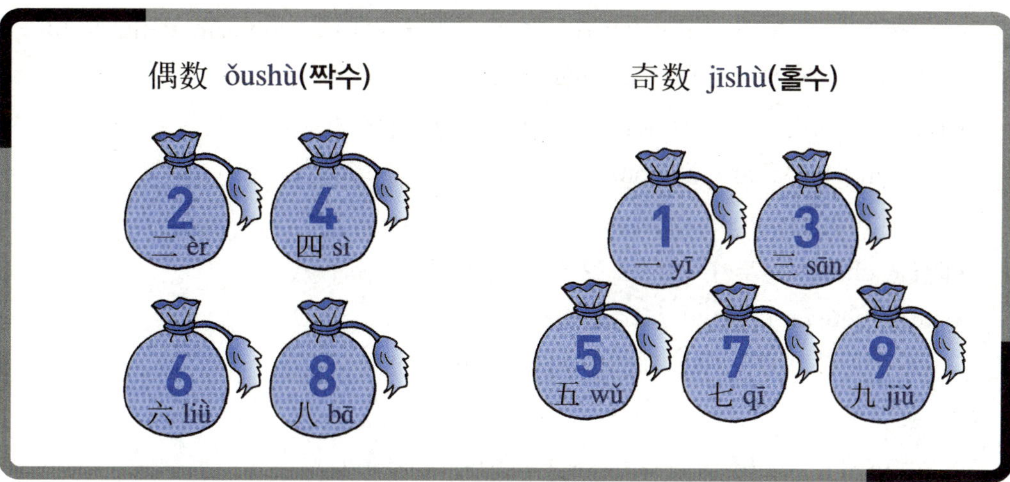

分数 fēnshù(분수)

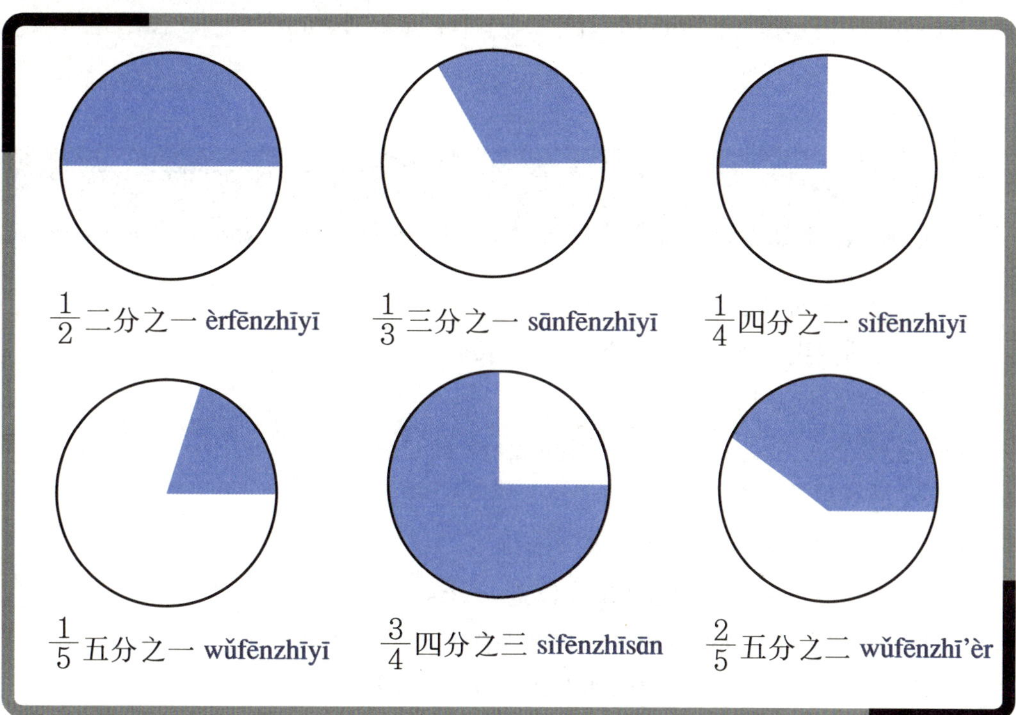

- 加法 jiāfǎ (더하기) : 2 + 5 = 7 (二加五等于七) èr jiā wǔ děngyú qī
  - 加 jiā (더하다) 二加五 èr jiā wǔ

- 减法 jiǎnfǎ (빼기) : 9 − 3 = 6 (九减三等于六) jiǔ jiǎn sān děngyú liù
  - 减 jiǎn (빼다) 九减三 jiǔ jiǎn sān

- 乘法 chéngfǎ (곱하기) : 4 × 5 = 20 (四乘五等于二十)
  sì chéng wǔ děngyú èrshí
  - 乘 chéng (곱하다) 四乘五 sì chéng wǔ

- 除法 chúfǎ (나누기) : 16 ÷ 2 = 8 (十六除二等于八)
  shíliù chú èr děngyú bā
  - 除 chú (나누다) 十六除二 shíliù chú èr

백분율 百分比: bǎifēnbǐ　8%(百分之八) bǎifēnzhībā	
어림수 概数 gàishù	정확한 수 准数 zhǔnshù
2배 两倍 liǎngbèi	3배 三倍 sānbèi
4배 四倍 sìbèi	1000m² 一千平方米 yìqiānpíngfāngmǐ
5^3 五的三次方 wǔ de sāncìfāng	계산하다 计算 jìsuàn

- 一句话 Yí jù huà 한 마디로 (요약해서)
  - 一句话，我反对。Yí jù huà, wǒ fǎnduì。
    (한 마디로 나는 반대다.)

- 他做两个人的活儿。Tā zuò liǎng ge rén de huór。
  (그는 두 사람 몫을 일한다.)

- 休息一下 Xiūxi yí xià 휴식을 취하다
  - 解决完这件事情后我想好好休息一下。
    Jiějuéwán zhè jiàn shìqing hòu wǒ xiǎng hǎohao xiūxi yí xià。
    (이 힘든 일이 끝나면 손발 쭉 뻗고 한번 쉬고 싶다.)

- 他一周后才回来。Tā yì zhōu hòu cái huílái。
  (그는 일주일 후에 돌아온다.)
- 我姑姑已经九十高龄了。Wǒ gūgu yǐjīng jiǔshí gāolíng le。
  (나의 고모는 벌써 90세이다.)
- 我一跟他说，他立马就大发雷霆了。Wǒ yì gēn tā shuō, tā lìmǎ jiù dàfāléitíng le。
  (내가 그에게 이야기를 하자, 그는 즉시 노발대발했다.)
- 损失超过一百万欧元。Shǔshī chāoguò yìbǎiwàn ōuyuán。
  (손해가 백만 유로를 넘는다/매우 크다.)

계산서(账单 zhàngdān) 작성하기

부가가치세 附加税 fùjiāshuì	단가 单价 dānjià
면세 免税 miǎnshuì	세금포함 가격 含税价格 hánshuì jiàgé
원가 原价 yuánjià	시가 市场价格 shìchǎng jiàgé
정가 定价 dìngjià	지불총액 支付总额 zhīfù zǒng'é
지불 支付 zhīfù	

Ⅰ. 다음 낱말을 중국어로 말해 보세요.

(1) 짝수 ________________

(2) 홀수 ________________

(3) 분수 ________________

(4) 사칙연산 ________________

(5) 백분율 ________________

(6) 부가가치세 ________________

(7) 면세 ________________

(8) 시가 ________________

(9) 지불총액 ________________

(10) 지불 ________________

Ⅱ. 다음 우리말을 중국어로 말하세요.

(1) 한 마디로 말해서, 나는 반대다.

____

(2) 5 더하기 6은 11이다.

____

(3) 3 곱하기 5는 15이다.

____

(4) 그는 멍청하다.

____

(5) 나는 일주일 후에 돌아온다.

____

방향 (方向 fāngxiàng)

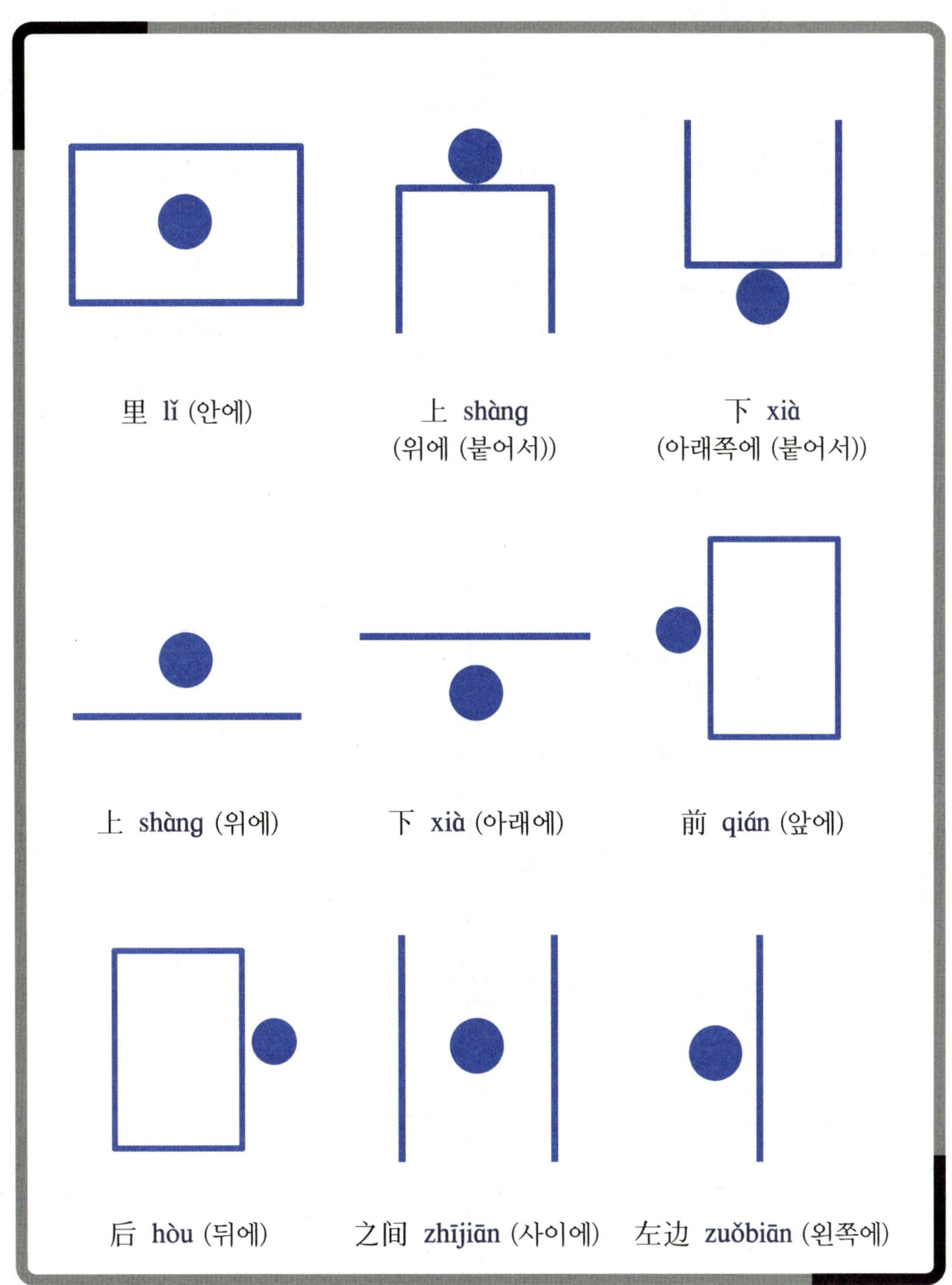

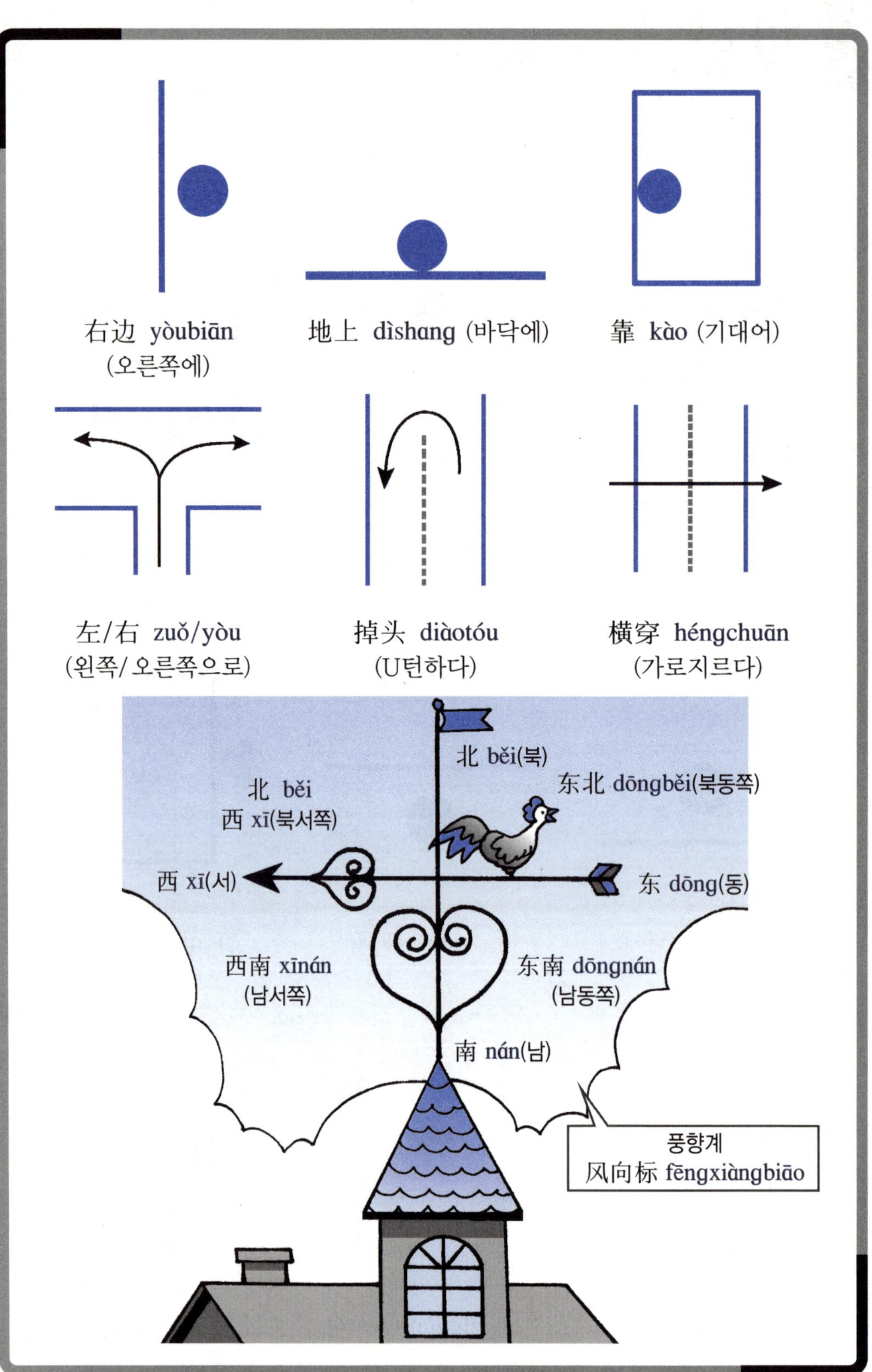

右边 yòubiān (오른쪽에)
地上 dìshang (바닥에)
靠 kào (기대어)
左/右 zuǒ/yòu (왼쪽/오른쪽으로)
掉头 diàotóu (U턴하다)
横穿 héngchuān (가로지르다)
北 běi(북)
东北 dōngběi(북동쪽)
北 běi 西 xī(북서쪽)
西 xī(서)
东 dōng(동)
西南 xīnán (남서쪽)
东南 dōngnán (남동쪽)
南 nán(남)
풍향계
风向标 fēngxiàngbiāo

• 我的圆珠笔在哪儿? **Wǒ de yuánzhūbǐ zài nǎr?**

(내 볼펜이 어디에 있지요?)

– 在桌子上面。**Zài zhuōzi shàngmian。**

(탁자 위에 있어요.)

• 先生的车是在邮局后边吗?

Xiānshēng de chē shì zài yóujú hòubiān ma?

(선생님 차가 우체국 뒤에 있습니까?)

– 不, 是在邮局前边。**Bù, shì zài yóujú qiánbiān。**

(아뇨, 우체국 앞에 있습니다.)

• 博物馆在哪儿? **Bówùguǎn zài nǎr?**

(박물관이 어디에 있습니까?)

• 在左边? 还是右边? **Zài zuǒbiān? háishì yòubiān?**

(오른쪽에 있나요, 아니면 왼쪽에 있나요?)

– 不是, 一直往前走 **Búshì, yìzhí wǎng qián zǒu。**

(아닙니다. 똑바로 가세요.)

• 向左走。**Xiàngzuǒ zǒu。**

(오른쪽으로 가세요.)

• 你有什么权利命令我? **Nǐ yǒu shénme quánlì mìnglìng wǒ?**

(네가 무슨 권리로 내게 명령하니?)

• 右胳膊疼。**Yòu gēbo téng。**

(오른팔이 아파요.)

Ⅰ. 다음 낱말을 중국어로 말해 보세요.

(1) ~안에 ___________________

(2) ~위에 ___________________

(3) ~의 왼쪽에 ___________________

(4) 바닥에 ___________________

(5) 가로지르다 ___________________

(6) 북동쪽 ___________________

(7) 남서쪽 ___________________

(8) ~의 앞에 ___________________

(9) ~에 기대어 ___________________

(10) ~의 뒤에 ___________________

Ⅱ. 다음 우리말을 중국어로 말하세요.

(1) 네 자동차가 어디에 있니?

____

(2) 내 자동차는 박물관 뒤에 있어.

____

(3) 우체국이 어디에 있습니까?

____

(4) 왼쪽으로 가세요.

____

(5) 그것은 당신 말이 맞습니다.

____

통행 (通行 tōngxíng)

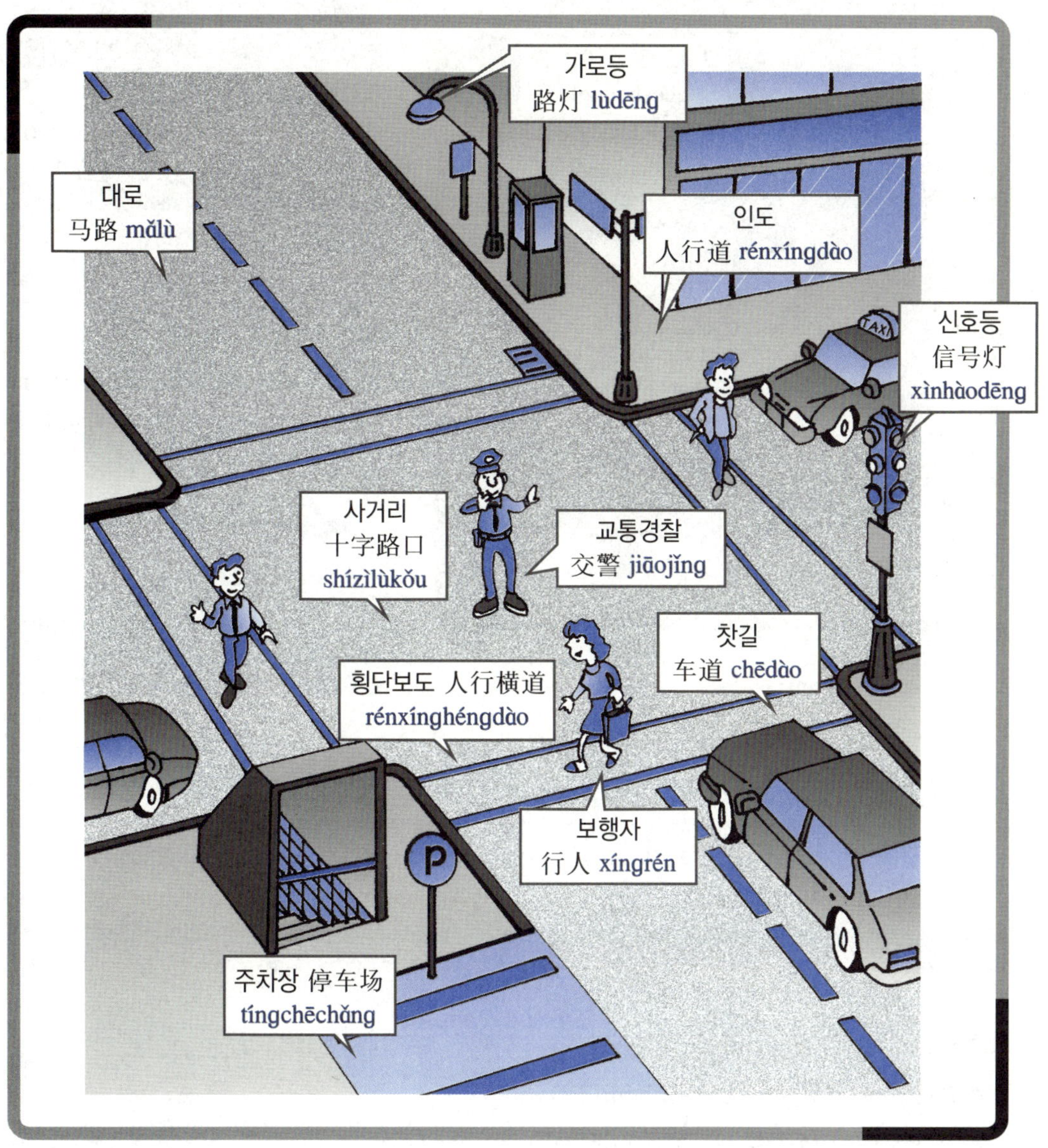

거리 街头 jiētóu	로터리 交通枢纽 jiāotōngshūniǔ
주차요금 미터 计价器 jìjiàqì	무료의 免费的 miǎnfèide
유료의 收费的 shōufèide	지하주차장 地下停车场 dìxiàtíngchēchǎng
보도 위를 걷다 走路 zǒulù	차도를 건너다 过马路 guòmǎlù

벌금 罚款 fákuǎn

커브돌기 转弯 zhuǎnwān

추월하다 超车 chāochē

통행금지 禁止通行 jìnzhǐtōngxíng

일방통행 单行道 dānxíngdào

주의 注意 zhùyì

위험 危险 wēixiǎn

차고 车库 chēkù

공사중 施工中 shīgōngzhōng

신호등 信号灯 xìnhàodēng

트럭 卡车 kǎchē

교통체증 堵车 dǔchē

자전거 도로 自行车道 zìxíngchēdào

교차로 交岔路 jiāochàlù

속도제한 限速 xiànshù

혼잡한 시간 高峰期 gāofēngqī

우회로 转盘 zhuànpán

자갈길 石路 shílù

유턴금지 禁止掉头 jìnzhǐdiàotóu

주차금지 禁止停车 jìnzhǐtíngchē

횡단보도 人行横道 rénxínghéngdào

미끄러운 도로 滑的路 huá de lù

국도 国道 guódào

속도를 늦추시오 请慢行 qǐngmànxíng

좁아지는 길 狭窄的小路 xiázǎi de xiǎolù

전조등을 켜시오 请开前照明灯 qǐng kāi qián zhàomíngdēng

练习

Ⅰ. 중국어를 우리말로 말해 보세요.

(1) 人行道 rénxíngdào ______________________

(2) 交警 jiāojǐng ______________________

(3) 十字路口 shízìlùkǒu ______________________

(4) 计价器 jìjiàqì ______________________

(5) 超车 chāochē ______________________

(6) 禁止通行 jìnzhǐ tōngxíng ______________________

(7) 施工中 shīgōng zhōng ______________________

(8) 堵车 dǔchē ______________________

(9) 限速 xiànshù ______________________

(10) 禁止停车 jìnzhǐ tíngchē ______________________

Ⅱ. 다음 낱말을 중국어로 말해 보세요.

(1) 가로등 ______________________

(2) 신호등 ______________________

(3) 찻길 ______________________

(4) 주차장 ______________________

(5) 톨게이트 ______________________

(6) 차도를 건너다 ______________________

(7) 차고 ______________________

(8) 일방통행 ______________________

(9) 우회로 ______________________

(10) 횡단보도 ______________________

공연과 전시(演出、展览 yǎnchū、zhǎnlǎn)

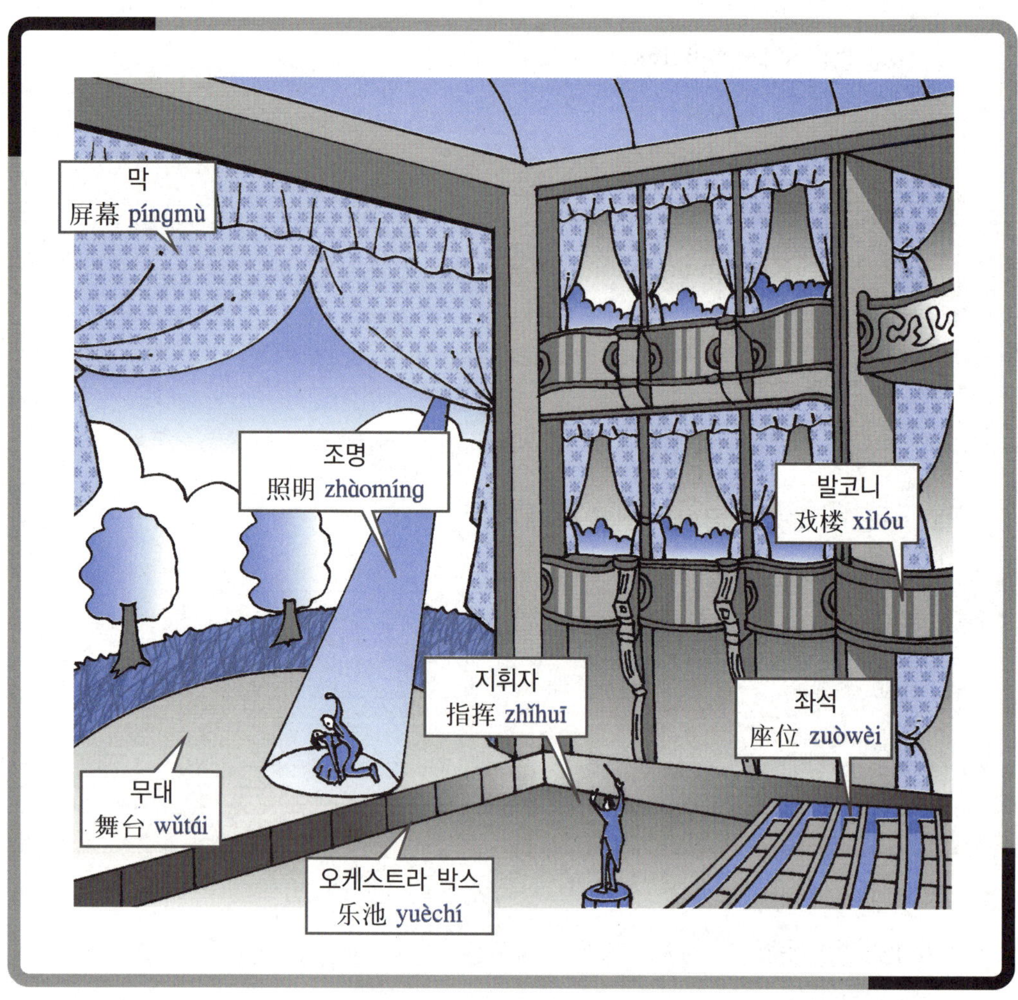

전시회 展览会 zhǎnlǎnhuì	영화관 电影院 diànyǐngyuàn
극장 剧场 jùchǎng	오페라극장 歌剧院 gējùyuàn
관객 观众 guānzhòng	칸막이 좌석 雅座 yǎzuò
좌석의 열 列 liè	옷 맡기는 곳 衣柜 yīguì
맨 꼭대기 좌석 顶部的座位 dǐngbù de zuòwèi	
포스터 画报 huàbào	

스타 明星 míngxīng	와이드 스크린 宽屏 kuānpíng
보조 접이의자 折叠椅 zhédiéyǐ	남배우(여배우) 演员 yǎnyuán
좌석예약 预订 yùdìng	오페라 안경 歌剧眼镜 gējù yǎnjìng
연출가, 영화감독 导演 dǎoyǎn	주연 主角 zhǔjué
조연 配角 pèijué	필름 胶卷 jiāojuǎn
무대장치 舞台设备 wǔtái shèbèi	의상 服装 fúzhuāng
막간 中场休息 zhōngchǎng xiūxi	상영 上映 shàngyìng
영화 애호가 影迷 yǐngmí	휴관일 休馆日 xiūguǎnrì
매표소 售票处 shòupiàochù	휴관하다 休馆 xiūguǎn
리허설 排演 páiyǎn	더빙 配音 pèiyīn
중국어 더빙 汉语配音 Hànyǔ pèiyīn	자막이 있는 원어 판 字幕版 zìmùbǎn

练习

Ⅰ. 다음 중국어를 우리말로 말해 보세요.

(1) 照明 zhàomíng　　　　_______________

(2) 座位 zuòwèi　　　　_______________

(3) 电影院 diànyǐngyuàn　　　　_______________

(4) 观众 guānzhòng　　　　_______________

(5) 衣厨 yīchú　　　　_______________

(6) 折叠椅 zhédiéyǐ　　　　_______________

(7) 舞台设备 wǔtái shèbèi　　　　_______________

(8) 上映 shàngyìng　　　　_______________

(9) 休馆日 xiūguǎnrì　　　　_______________

(10) 彩排 cǎipái　　　　_______________

Ⅱ. 다음 낱말을 중국어로 말해 보세요.

(1) 막　　　　_______________

(2) 지휘자　　　　_______________

(3) 전시회　　　　_______________

(4) 스타　　　　_______________

(5) 주연　　　　_______________

(6) 필름　　　　_______________

(7) 의상　　　　_______________

(8) 영화 애호가　　　　_______________

(9) 더빙　　　　_______________

(10) 자막있는 원어판　　　　_______________

책 (书 shū)

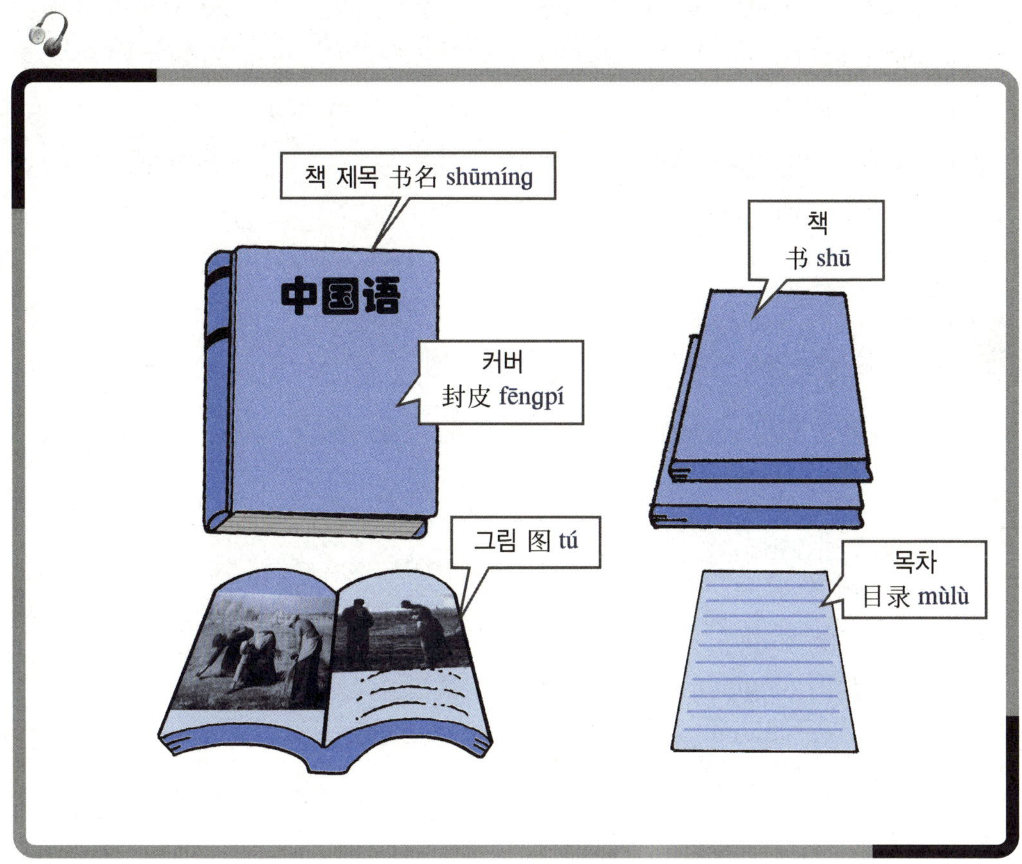

페이지 页 yè		(저서의) 헌사 祝词 zhùcí
(책의) 장 章节 zhāngjié		관보 官方简报 guānfāng jiǎnbào
종잇장 纸张 zhǐzhāng	일간지 日报 rìbào	정기 간행물 期刊 qīkān
주간지 周刊 zhōukān	월간지 月刊 yuèkān	목차 目录 mùlù
책의 낱장 표지 封面 fēngmiàn	어린이 잡지 儿童杂志 értóng zázhì	
잡지 杂志 zázhì	잡지를 정기 구독하다 订阅杂志 dìngyuè zázhì	
(중고 책) 고본장수 古书贩 gǔshūfàn		
요리책 菜谱 càipǔ	역사책 史书 shǐshū	에세이 畅销书 chàngxiāoshū
관광가이드 导游 dǎoyóu	위인전 传记 zhuànjì	자서전 自传 zìzhuàn

시집 诗集 shījí	사전 词典 cídiǎn	소설 小说 xiǎoshuō
단편소설 短篇小说 duǎnpiān xiǎoshuō		탐정소설 侦探小说 zhēntàn xiǎoshuō
공상과학소설 科幻小说 kēhuàn xiǎoshuō		대하소설 历史小说 lìshǐ xiǎoshuō
동화 童话 tónghuà		장정본 珍藏版 zhēncángbǎn
절판본 绝版 juébǎn		서점 书店 shūdiàn
만화책 漫画书 mànhuàshū		고서점, 헌책방 旧书店 jiùshūdiàn
도서관 图书馆 túshūguǎn		

习练

Ⅰ. 다음 중국어를 우리말로 말해 보세요.

(1) 封皮 fēngpí　　＿＿＿＿＿＿＿＿

(2) 页 yè　　＿＿＿＿＿＿＿＿

(3) 祝词 zhùcí　　＿＿＿＿＿＿＿＿

(4) 日报 rìbào　　＿＿＿＿＿＿＿＿

(5) 菜谱 càipǔ　　＿＿＿＿＿＿＿＿

(6) 诗集 shījí　　＿＿＿＿＿＿＿＿

(7) 童话 tónghuà　　＿＿＿＿＿＿＿＿

(8) 书店 shūdiàn　　＿＿＿＿＿＿＿＿

(9) 图书馆 túshūguǎn　　＿＿＿＿＿＿＿＿

(10) 旧书店 jiùshūdiàn　　＿＿＿＿＿＿＿＿

Ⅱ. 다음 낱말을 중국어로 말해 보세요.

(1) 책 제목　　＿＿＿＿＿＿＿＿

(2) 목차　　＿＿＿＿＿＿＿＿

(3) 주간지　　＿＿＿＿＿＿＿＿

(4) 잡지　　＿＿＿＿＿＿＿＿

(5) 고본장수　　＿＿＿＿＿＿＿＿

(6) 자서전　　＿＿＿＿＿＿＿＿

(7) 대하소설　　＿＿＿＿＿＿＿＿

(8) 만화책　　＿＿＿＿＿＿＿＿

(9) 관광가이드　　＿＿＿＿＿＿＿＿

(10) 단편소설　　＿＿＿＿＿＿＿＿

식사 (餐饮 cānyǐn)

중국 사람들의 식사 (中国人的饮食 Zhōngguó rén de yǐshí)

- 早餐 zǎocān — 午餐 wǔcān — 零食 língshí — 晚餐 wǎncān
  (아침식사) (점심식사) (간식) (저녁식사)

- 开胃酒 kāiwèijiǔ — 开胃菜 kāiwèicài — 羹 gēng — 主菜 zhǔcài
  식욕을 높이기 위해 전채요리 수프 주요리
  식사 전에 마시는 술

  配菜 pèicài — 奶酪 nǎilào — 甜点 tiándiǎn
  곁들인 요리 치즈 후식

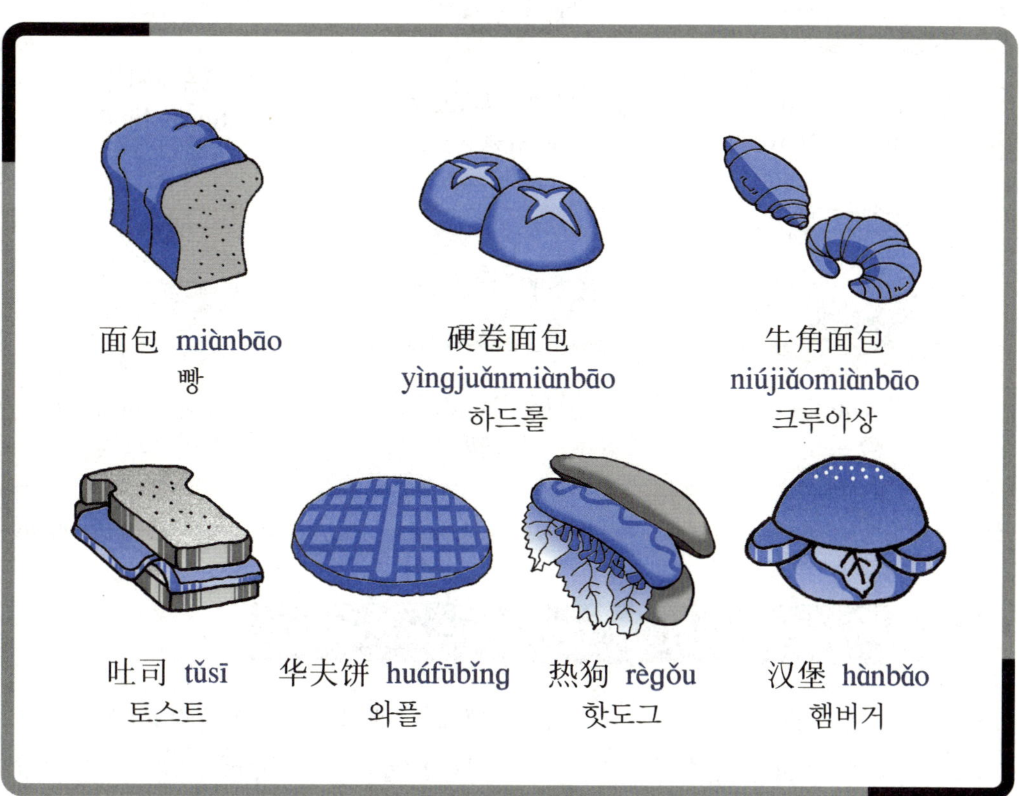

煎饼 jiānbǐng
팬케이크

煮鸡蛋 zhǔjīdàn
삶은 달걀

煎蛋 jiāndàn
오믈렛

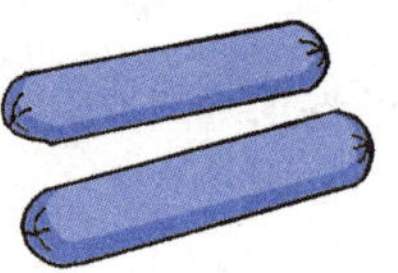

土豆沙拉 tǔdòushālā
감자 샐러드

香肠 xiāngcháng
소시지

烤牛肉 kǎoniúròu
소고기 구이

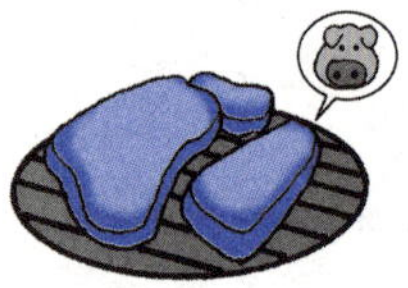

烤猪肉 kǎozhūròu
돼지고기 구이

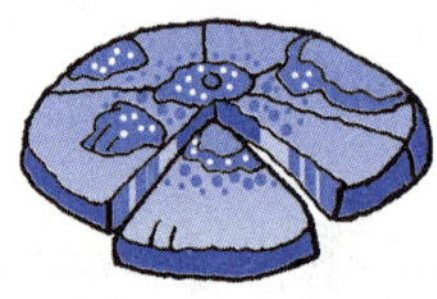

比萨饼 bǐsàbǐng
피자

蔬菜沙拉
shūcàishālā
야채샐러드

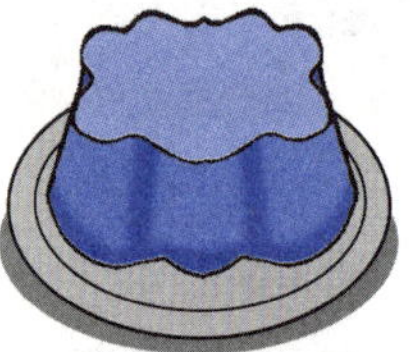

布丁 bùdīng
푸딩

蛋糕 dàngāo
케이크

冰淇淋 bīngqílín
아이스크림

포도주〈红酒 hóngjiǔ〉와 샴페인〈香槟 xiāngbīn〉

적포도주 干红 gānhóng	백포도주 白葡萄酒 báipútaojiǔ
로즈와인 红酒 hóngjiǔ	샴페인 香槟 xiāngbīn

水煮鱼 shuǐzhǔyú
수이주위

四川火锅
sìchuānhuǒguō
쓰촨훠궈

麻婆豆腐
mápódòufu
마풔떠우푸

辣子鸡 làzijī
라즈찌

鸳鸯火锅
yuānyanghuǒguō
원양훠궈

饺子 jiǎozi
슈바인스학세

馄饨 húndùn
마울탓셰

중국요리 中国料理 Zhōngguó liàolǐ	한국요리 韩国料理 Hánguó liàolǐ
프랑스요리 法国料理 Fǎguó liàolǐ	일본요리 日本料理 Rìběn liàolǐ
이탈리아요리 意大利菜 Yìdàlìcài	인도요리 印度料理 Yìndù liàolǐ
일품요리 一品料理 yīpǐnliàolǐ	세트메뉴 套餐 tàocān
오늘의 요리 每日特餐 měirìtècān	쇠고기 牛肉 niúròu

생선 鱼 yú	돼지고기 猪肉 zhūròu	빵 面包 miànbāo
양고기 羊肉 yángròu	치즈 奶酪 nǎilào	닭고기 鸡肉 jīròu
파이 派 pài	밥 饭 fàn	고기 肉 ròu
만두 饺子 jiǎozi	샐러드 沙拉 shālā	스프 汤 tāng

练习

Ⅰ. 다음 중국어를 우리말로 말해 보세요.

(1) 早餐 zǎncān ____________

(2) 开胃酒 kāiwèijiǔ ____________

(3) 主菜 zhǔcài ____________

(4) 配菜 pèicài ____________

(5) 蔬菜沙拉 shūcàishālā ____________

(6) 蛋糕 dàngāo ____________

(7) 香槟 xiāngbīn ____________

(8) 奶油奶酪 nǎiyóunǎilào ____________

(9) 牛肉 niúròu ____________

(10) 猪肉 zhūròu ____________

Ⅱ. 다음 낱말을 중국어로 말해 보세요.

(1) 간식 ____________

(2) 전채요리 ____________

(3) 토스트 ____________

(4) 빵 ____________

(5) 소시지 ____________

(6) 아이스크림 ____________

(7) 치즈 ____________

(8) 오늘의 요리 ____________

(9) 로즈와인 ____________

(10) 케이크 ____________

식당 (饭店 fàndiàn)

레스토랑
西餐厅 xīcāntīng

맥줏집
啤酒吧 píjiǔbā

간이식당
大排档 dàpáidàng

카페
咖啡店 kāfēidiàn

찻집
茶馆 cháguǎn

바
酒吧 jiǔbā

주점
酒店 jiǔdiàn

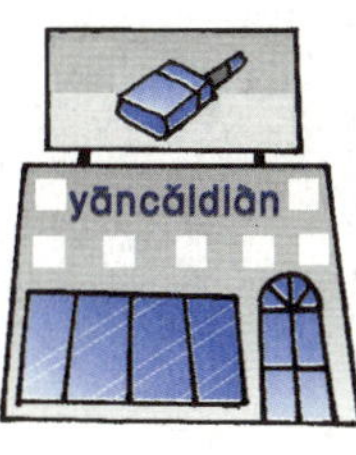

담배 가게
烟草店 yāncǎodiàn

구내식당
食堂 shítáng

패스트푸드점
快餐厅 kuàicāntīng

웨이터 服务员 fúwùyuán	테라스 露台 lùtái
메뉴판 菜单 càidān	정식 套餐 tàocān
오늘의 정식 每日套餐 měirì tàocān	미식가 美食家 měishíjiā
포도주 감별사 品酒师 pǐnjiǔshī	요리사 厨师 chúshī
주방장 主厨 zhǔchú	

스테이크를 어떻게 요리해 드릴까요?（你想要什么样的牛排?
Nǐ xiǎng yào shénme yàng de niúpái?）

익히지 않은 一分熟 yìfēnshú	중간 정도 익힌 半熟 bànshú
아주 잘 익힌 全熟 quánshú	

따뜻한 음료（热饮 rèyǐn）

차 茶 chá	허브티 花茶 huāchá
커피 咖啡 kāfēi	밀크커피 奶咖啡 nǎikāfēi
블랙커피 苦咖啡 kǔkāfēi	크림커피 咖啡伴侣 kāfēibànlǚ
에스프레소 浓缩咖啡 nóngsuōkāfēi	코코아 可可 kěkě

차가운 음료（冷饮 lěngyǐn）

차 茶 chá	허브티 花茶 huāchá	물 水 shuǐ
과일 주스 果汁 guǒzhī	소다수 汽水 qìshuǐ	콜라 可乐 kělè
아이스커피 冰咖啡 bīngkāfēi	우유 牛奶 niúnǎi	
레몬에이드 柠檬水 níngméngshuǐ	레몬주스 柠檬汁 níngméngzhī	

식기세트 餐具 cānjù	재떨이 烟灰缸 yānhuīgāng	포크 餐叉 cānchā
접시 碟 dié	유리잔 玻璃杯 bōlibēi	소금 盐 yán
컵 杯 bēi	후추 胡椒 hújiāo	숟가락 勺 sháo

차 숟가락 茶匙 cháchí	칼 刀 dāo	설탕 白糖 báitáng
냅킨 餐巾纸 cānjīnzhǐ	식탁보 桌布 zhuōbù	젓가락 筷子 kuàizi
계산서 账单 zhàngdān	팁 小费 xiǎofèi	카드로 刷卡 shuākǎ
현금으로 现金 xiànjīn		

• 这是高级 (比较便宜的) 餐厅。Zhè shì gāojí (bǐjiào piányi de)cāntīng。
  (이곳은 고급[저렴한] 식당이다.)

• 我们是用～的名字来预订的。Wǒ men shì yòng～de míngzi lái yùdìng de。
  (우리는 ～라는 이름으로 예약을 했습니다.)

• 可以给我们靠墙角 (窗) 的座位吗?
  Kěyǐ gěi wǒmen kào qiángjiǎo (chuāng) de zuòwèi ma?
  (우리에게 구석자리/창가자리를 줄 수 있나요?)

• 您想要什么开胃菜? Nín xiǎng yào shénme kāiwèicài?
  (어떤 전채요리를 원하시나요?)

• 请给我看一下菜单! Qǐng gěi wǒ kàn yí xià càidān。
  (메뉴판 좀 주세요.)

• 我们想先点羹。Wǒmen xiǎng xiān diǎn gēng。
  (우선 수프를 주문하고 싶습니다.)

• 请慢用! Qǐng màn yòng。
  (맛있게 드세요!)

• 您想要什么样的肉? Nín xiǎng yào shénmeyàng de ròu?
  (고기를 어떻게 원하시나요?)

• 我要全熟的。Wǒ yào quánshú de。
  (저는 잘 익혀주세요.)

Ⅰ. 다음 중국어를 우리말로 말해 보세요.

(1) 酒店 **jiǔdiàn** ___________________

(2) 食堂 **shítáng** ___________________

(3) 服务员 **fúwùyuán** ___________________

(4) 美食家 **měishíjiā** ___________________

(5) 奶咖啡 **nǎikāfēi** ___________________

(6) 叉子 **chāzi** ___________________

(7) 勺子 **sháozi** ___________________

(8) 盘子 **pánzi** ___________________

(9) 账单 **zhàngdān** ___________________

(10) 小费 **xiǎofèi** ___________________

Ⅱ. 다음 우리말을 중국어로 말해 보세요.

(1) 맥주집 ___________________

(2) 패스트푸드점 ___________________

(3) 정식 ___________________

(4) 주방장 ___________________

(5) 중간정도 익힌 ___________________

(6) 블랙커피 ___________________

(7) 과일주스 ___________________

(8) 레몬에이드 ___________________

(9) 재떨이 ___________________

(10) 후추 ___________________

가게 (商店 shāngdiàn)

백화점 百货商店
bǎihuòshāngdiàn

벼룩시장 跳蚤市场
tiàozaoshìchǎng

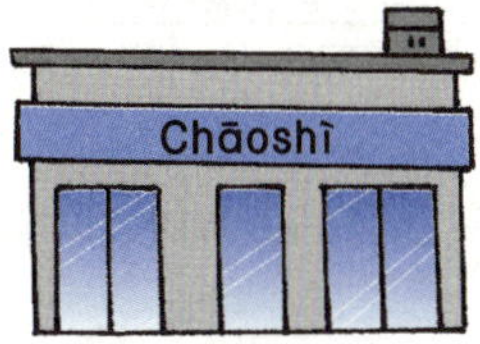

슈퍼마켓
超市 chāoshì

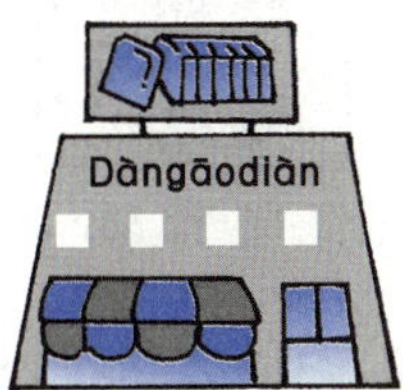

케이크 가게
蛋糕店 dàngāodiàn

식료품 가게 食品杂货店
shípǐnzáhuòdiàn

정육점
肉店 ròudiàn

완구점 玩具店
wánjùdiàn

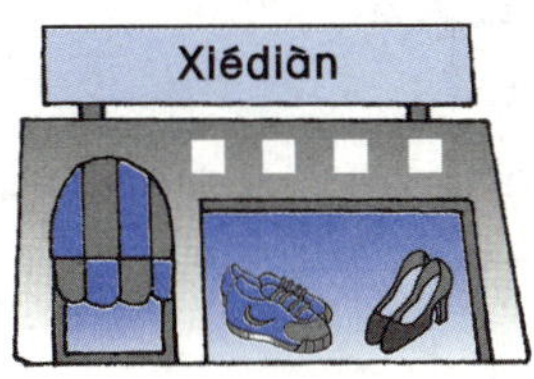

신발가게
鞋店 xiédiàn

제과점
点心店 diǎnxīndiàn

빵집
面包店 miànbāodiàn

미용실
美容院 měiróngyuàn

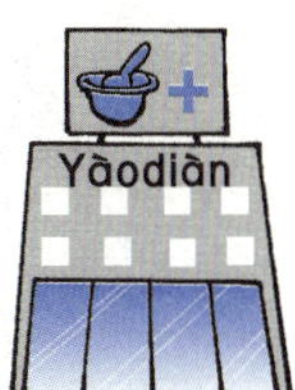

약국
药店 yàodiàn

세탁소
洗衣店 xǐyīdiàn

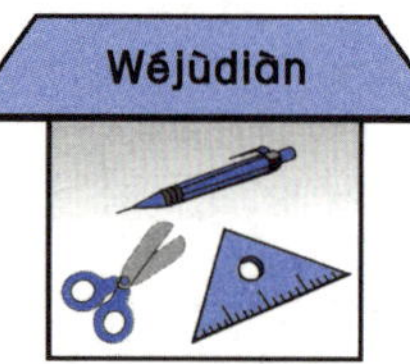

문방구
文具店 wéjùdiàn

서점
书店 shūdiàn

생선가게 水产商店
shuǐchǎnshāngdiàn

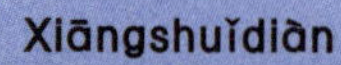

향수 가게 香水店
xiāngshuǐdiàn

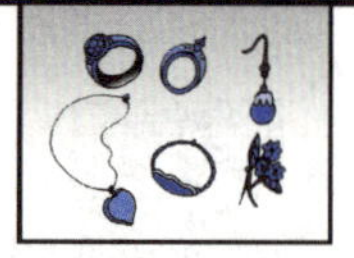

보석 가게
珠宝店 zhūbǎodiàn

옷 가게
服装店 fúzhuāngdiàn

가두판매점
路边摊 lùbiāntān

여행사
旅行社 lǚxíngshè

유제품 판매점
乳制品专卖店 rǔzhìpǐnzhuānmàidiàn

세일 打折 dǎzhé	쇼핑카트 购物车 gòuwùchē
계산대 收银台 shōuyíntái	진열대 货架 huòjià
라벨 商标 shāngbiāo	판매원 售货员 shòuhuòyuán
바구니 购物筐 gòuwùkuāng	손님 客人 kèrén
선물용 포장 礼品包装 lǐpǐnbāozhuāng	
집으로 배달 送货上门 sònghuòshàngmén	
계산원 收银员 shōuyínyuán	

가격을 묻고 답하기 〈价格的问答 jiàgé de wèndá〉

- 多少钱? Duōshao qián? (얼마입니까?)

- 一共多少钱? Yígòng duōshao qián? (합이 모두 얼마입니까?)

- 真便宜! Zhēn piányi! (싸네요!)

- 太贵了! Tài guì le! (너무 비싸요!)

- 价格很合理。Jiágé hěn hélǐ。(적당하네요.)

Ⅰ. 다음 중국어를 우리말로 말해 보세요.

(1) 跳蚤市场 tiàozaoshìchǎng _______________

(2) 玩具店 wánjùdiàn _______________

(3) 面包店 miànbāodiàn _______________

(4) 美容院 měiróngyuàn _______________

(5) 路边摊 lùbiāntān _______________

(6) 购物车 gòuwùchē _______________

(7) 展柜 zhǎnguì _______________

(8) 邮递 yóudì _______________

(9) 收银员 shōuyínyuán _______________

(10) 售货员 shòuhuòyuán _______________

Ⅱ. 다음 낱말을 중국어로 말해 보세요.

(1) 백화점 _______________

(2) 치즈가게 _______________

(3) 정육점 _______________

(4) 제과점 _______________

(5) 약국 _______________

(6) 세탁소 _______________

(7) 향수가게 _______________

(8) 여행사 _______________

(9) 식료품가게 _______________

(10) 라벨 _______________

1. 인사

  Ⅰ. (1) 您好！过得怎么样？ Nínhǎo! Guò de zěnmeyàng?

     (2) 谢谢！我过得很好！ Xièxie! Wǒ guò de hěn hǎo!

     (3) 晚安！ Wǎn'ān!

     (4) 周末愉快！ Zhōumò yúkuài!

     (5) 祝你生日快乐！ Zhù nǐ shēngrì kuàilè!

     (6) 请慢走！ Qǐng màn zǒu!

  Ⅱ. (1) 谢谢！我过得很好！ Xièxie! Wǒ guò de hěn hǎo!

     (2) 谢谢！我过得很好！ Xièxie! Wǒ guò de hěn hǎo!

     (3) 明天见！ Míngtiān jiàn!

     (4) 晚安！ Wǎn'ān!

     (5) 谢谢！ Xièxie!

2. 소개

  Ⅰ. A：认识 rènshi

     B：他是 Tā shi

     B：这是 zhè shi

     A：认识你 Rènshi nǐ

     C：我也 Wǒ yě

  Ⅱ. (1) 这是我的朋友刘伟。Zhè shì wǒ de péngyou Liúwěi。

     (2) 见到你很高兴。Jiàn dào nǐ hěn gāoxìng。

     (3) 我也很高兴。Wǒ yě hěn gāoxìng。

     (4) 我来自我介绍一下。Wǒ lái zìwǒ jièshào yí xià。

     (5) 我是从韩国来的，来学汉语。

       Wǒ shì cóng Hánguó lái de, lái xué hànyǔ。

3. 이름과 주소 답하기

  Ⅰ. (1) 什么，我叫 shénme, Wǒjiào

     (2) 住在，住在 zhù zài, zhù zài

     (3) 你家地址，我家地址 Nǐjiā dìzhǐ, Wǒjiā dìzhǐ

     (4) 什么，我叫 shénme, Wǒjiào

4. 국가 국적 언어

   Ⅰ. (1) 你叫什么名字? Nǐ jiào shénme míngzì?

      (2) 我是韩国人。Wǒ shì Hánguó rén

      (3) 你住在哪儿? Nǐ zhù zài nǎr?

   Ⅱ. (1) 我是韩国人。Wǒ shì Hánguó rén。

      (2) 我住在韩国。Wǒ zhù zài Hánguó。

      (3) 我说汉语。Wǒ shuō Hànyǔ。

      (4) 我是韩国籍美国人。Wǒ shì Hánguó jí Měiguó rén。

      (5) 她是汉语老师。Tā shì Hànyǔ lǎoshī。

5. 직업

   Ⅰ. (1) ①　　(2) ②　　(3) ①

   Ⅱ. (1) 我在银行工作。Wǒ zài yínháng gōngzuò。

      (2) 我爸爸是医生。Wǒ bàba shì yīshēng。

      (3) 我妈妈不工作。Wǒ māma bù gōngzuò。

      (4) 不，我是银行职员。Bù, wǒ shì yínháng zhíyuán。

      (5) 是，我是大学生。Shì, wǒ shì dàxuéshēng。

6. 신체와 건강

   Ⅰ. (1) A：怎么了? zěnme le?

      B：嗓子, 头 sǎngzi, tóu

      A：舌头, 发烧 shétou, fāshāo

      B：咳嗽 késou

      (2) A：感冒, 处方 gǎnmào, chǔfāng

      B：糖浆 tángjiāng

7. 날씨

   Ⅰ. (1) A：天气 tiānqì

      B：下雨 xiàyǔ

      (2) A：下雨 xiàyǔ

      B：晴了 qíng le

      (3) A：大雪, 结冰 dàxuě, jiébīng

8. 의복

  Ⅰ. (1) 裤子 kùzi　　　　　(2) 裙子 qúnzi

    (3) 连衣裙 liányīqún　　　(4) 西服正装 xīfúzhèngzhuāng

    (5) 两件套 liǎngjiàntào

  Ⅱ. (1) 你今天穿什么？Nǐ jīntiān chuān shénme?

    (2) 这里热，把大衣脱了吧。Zhèlǐ rè, bǎ dàyī tuō le ba。

    (3) 多穿点儿，外边冷。Duō chuān diǎnr, wàibiān lěng。

    (4) 这件T恤衫我穿太大了。Zhè jiàn tīxùshān wǒ chuān tài dà le。

    (5) 这条裤子太长了。Zhè tiáo kùzi tài cháng le。

9. 속옷·소품들

  Ⅰ. (1) 中山帽 zhōngshānmào　　(2) 水点纹手绢 shuǐdiǎnwén shǒujuàn

    (3) 太大了 tài dà le　　　　(4) 领带 lǐngdài

    (5) 围巾 wéijīn

10. 신발·보석

  Ⅰ. (1) 运动鞋 yùndòngxié　　(2) 凉鞋 liángxié

    (3) 手提包 shǒutíbāo　　　(4) 背包 bēibāo

    (5) 旅行包 lǚxíngbāo　　　(6) 戒指 jièzhi

    (7) 镜框 jìngkuàng　　　　(8) 胸针 xiōngzhēn

    (9) 闹钟 nàozhōng　　　　(10) 墨镜 mòjìng

  Ⅱ. (1) 她穿衬衫。Tā chuān chènshān。

    (2) 我穿袜子。Wǒ chuān wàzi。

    (3) 他戴墨镜。Tā dài mòjìng。

    (4) 我戴领带。Wǒ dài lǐngdài。

    (5) 有比这个再小一号的吗？Yǒu bǐ zhè ge zài xiǎo yí hào de ma?

11. 거주지·집

  Ⅰ. (1) 窗户 chuānghu　　　(2) 房顶 fángdǐng

    (3) 阶梯 jiētī　　　　　　(4) 走廊 zǒuláng

    (5) 仓库 cāngkù　　　　　(6) 别墅 biéshù

    (7) 警卫 jǐngwèi　　　　　(8) 大学宿舍 dàxuésùshè

(9) 管理费 guǎnlǐfèi　　　　(10) 合同 hétong

Ⅱ. (1) 住哪儿? Zhù nǎr?

(2) 住在离公交车站步行 5 分钟远的地方。

　　Zhù zài lí gōngjiāochēzhàn bùxíng wǔ fēnzhōng yuǎn de dìfang。

(3) 我住在 5 楼。Wǒ zhù zài wǔ lóu。

(4) 每月 1 号交房租。Měi yuè yī hào jiāo fángzū。

(5) 车站到你家需要多长时间?

　　Chēzhàn dào nǐ jiā xūyào duōcháng shíjiān?

12.　방·거실

Ⅰ. (1) 电灯 diàndēng　　　　(2) 台灯 táidēng

(3) 壁橱 bìchú　　　　(4) 单人床 dānrénchuáng

(5) 衣服挂 yīfuguà　　　　(6) 窗帘 chuānglián

(7) 靠背 kàobèi　　　　(8) 床单 chuángdān

(9) 镜子 jìngzi　　　　(10) 空调 kōngtiáo

13.　학교

Ⅰ. (1) 剪子 jiǎnzi　　　　(2) 圆珠笔 yuánzhūbǐ

(3) 橡皮 xiàngpí　　　　(4) 便笺纸 biànjiānzhǐ

(5) 文具盒 wénjùhé　　　　(6) 自动铅笔 zìdòngqiānbǐ

(7) 铅笔刀 qiānbǐdāo　　　　(8) 图钉 túdīng

(9) 计算器 jìsuànqì　　　　(10) 胶水 jiāoshuǐ

Ⅱ. (1) 请进。Qǐng jìn。

(2) 请听。Qǐng tīng。

(3) 请说。Qǐng shuō。

(4) 我不能理解那个问题。Wǒ bùnéng lǐjiě nà ge wèntí。

(5) 有问题。Yǒu wèntí。

(6) 我数学好。Wǒ shùxué hǎo。

(7) 我考试格了。Wǒ kǎoshi jíge le。

14.　학교체제

Ⅰ. (1) 幼儿园 yòu'éryuán　　　　(2) 小学 xiǎoxué

(3) 中学 zhōngxué　　　　(4) 大学 dàxué

(5) 校长 xiàozhǎng　　　　(6) 学生会长 xuéshēnghuìzhǎng

(7) 学校朋友 xuéxiàopéngyou　　　　(8) 历史 lìshǐ

(9) 美术 měishù　　　　(10) 职业学校 zhíyèxuéxiào

Ⅱ. (1) 我是中文系的学生。Wǒ shì Zhōngwénxì de xuésheng。

(2) 我在北京大学学习历史。Wǒ zài Běijīngdàxué xuéxí lìshǐ。

(3) 我一周有20个小时的课。Wǒ yì zhōu yǒu èrshí ge xiǎoshí de kè。

(4) 汉语是选修课。Hànyǔ shì xuǎnxiūkè。

(5) 在韩国8岁上小学。Zài Hánguó bā suì shàng xiǎoxué。

15.　은행

Ⅰ. (1) 账户 zhànghù　　　　(2) 支票 zhīpiào

(3) 信用卡 xìnyòngkǎ　　　　(4) 手续费 shǒuxùfèi

(5) 债务人 zàiwùrén　　　　(6) 转账 zhuǎnzhàng

(7) 余额 yú'é　　　　(8) 纸币 zhǐbì

(9) 汇率 huìlǜ　　　　(10) 换钱 huànqián

Ⅱ. (1) 请稍等。Qǐng shāoděng。

(2) 我想开个账户。Wǒ xiǎng kāi ge zhànghù。

(3) 请填一下这个表。Qǐng tián yí xià zhè ge biǎo。

(4) 我想取钱。Wǒ xiǎng qǔqián。

(5) 我想汇款。Wǒ xiǎng huìkuǎn。

16.　우체국

Ⅰ. (1) 发件人 fājiànrén　　　　(2) 信封 xìnfēng

(3) 包裹 bāoguǒ　　　　(4) 邮筒 yóutǒng

(5) 收信人 shōuxìnrén　　　　(6) 邮政明信片 yóuzhèng míngxìnpiàn

(7) 邮票 yóupiào　　　　(8) 包装 bāozhuāng

(9) 收据 shōujù　　　　(10) 挂号 guàhào

Ⅱ. (1) 邮局在哪儿？Yóujú zài nǎr?

(2) 哪儿能买到邮票？Nǎr néng mǎidào yóupiào?

(3) 想寄个包裹。Xiǎng jì ge bāoguǒ.

(4) 这个包裹里有什么？Zhè ge bāoguǒ lǐ yǒu shénme?

(5) 需要加钱。Xūyào jiāqián。

17.　스포츠

Ⅰ. (1) 守门员 shǒuményuán　　(2) 红牌 hóngpái
(3) 观众 guānzhòng　　(4) 世界杯 shìjièbēi
(5) 射门 shèmén　　(6) 登山 dēngshān
(7) 하이킹 兜风 dōufēng　　(8) 举重 jǔzhòng
(9) 击剑 jījiàn　　(10) 武术 wǔshù

Ⅱ. (1) 喜欢运动吗? Xǐhuān yùndòng ma?
(2) 不, 我几乎不做运动。Bù, wǒ jīhū bú zuò yùndòng。
(3) 我喜欢打网球。Wǒ xǐhuān dǎ wǎngqiú。
(4) 我喜欢骑自行车。Wǒ xǐhuān qí zìxíngchē。
(5) 我喜欢滑雪。Wǒ xǐhuān huáxuě。

18.　취미

Ⅰ. (1) 钓鱼 diàoyú
(2) 画画儿 huàhuàr
(3) 登山 dēngshān
(4) 去电影院 qù diànyǐngyuàn
(5) 养花 yǎnghuā
(6) 国际象棋 guójìxiàngqí
(7) 玩电脑游戏 wán diànnǎoyóuxì
(8) 织毛衣 zhī máoyī

Ⅱ. (1) 你闲暇时都做什么? Nǐ xiánxiá shí dōu zuò shénme?
(2) 你的爱好是什么? Nǐ de àihào shì shénme?
(3) 我喜欢听音乐。Wǒ xǐhuān tīng yīnyuè。
(4) 我喜欢游泳。Wǒ xǐhuān yóuyǒng。
(5) 我的爱好是登山。Wǒ de àihào shì dēngshān。

19.　부엌 용품

Ⅰ. (1) 小锅 xiǎoguō　　(2) 压力锅 yālìguō
(3) 瓶起子 píngqǐzi　　(4) 葡萄酒起子 pútaojiǔqǐzi

(5) 汤勺　tāngsháo

(6) 洗涤剂　xǐdíjì

(7) 水槽　shuǐcháo

(8) 冰箱　bīngxiāng

(9) 电炉　diànlú

(10) 托盘　tuōpán

Ⅱ. (1) 我喜欢烹饪。Wǒ xǐhuān pēngrèn。

(2) 我做什么呢？Wǒ zuò shénme ne?

(3) 你想吃什么？Nǐ xiǎng chī shénme?

(4) 我不喜欢刷碗。Wǒ bù xǐhuān shuāwǎn。

(5) 我来做蛋糕。Wǒ lái zuò dàngāo。

20. 집안 용품·개인 용품

Ⅰ. (1) 熨斗　yùndǒu

(2) 真空吸尘器　zhēnkōngxīchénqì

(3) 打火机　dǎhuǒjī

(4) 闹钟　nàozhōng

(5) 开关　kāiguān

(6) 别针　biézhēn

(7) 钥匙　shàoshi

(8) 扫帚　sàozhou

(9) 镜子　jìngzi

(10) 按钮　ànniǔ

Ⅱ. (1) 能借一下火吗？Néng jiè yí xià huǒ ma?

(2) 我把闹钟定到了7点。Wǒ bǎ nàozhōng dìngdào le qīdiǎn。

(3) 我的钥匙在哪儿？Wǒ de yàoshi zài nǎr?

(4) 他常常照镜子。Tā chángchang zhàojìngzi。

(5) 帮我把熨斗拿过来。Bāng wǒ bǎ yùndǒu náguòlái。

21. 욕실

Ⅰ. (1) 香皂　xiāngzào

(2) 牙刷　yáshuā

(3) 刮脸刀　guāliǎndāo

(4) 洗发精　xǐfàjīng

(5) 体重计　tǐzhòngjì

(6) 浴池　yùchí

(7) 手纸　shǒuzhǐ

(8) 护发素　hùfàsù

(9) 晒衣夹　shàiyījiā

(10) 晒衣架　shàiyījià

Ⅱ. (1) 我每天早上都刮脸。Wǒ měitiān zǎoshang dōu guāliǎn。

(2) 我在浴室洗脸。Wǒ zài yùshì xǐliǎn。

(3) 她在镜子前化妆。Tā zài jìngzi qián huàzhuāng。

(4) 我每天都洗漱。Wǒ měitiān dōu xǐshù。

(5) 我每天晚上都洗澡。Wǒ měitiān wǎnshang dōu xǐzǎo。

22. 자동차·전철·자전거

Ⅰ. (1) 刮水器 guāshuǐqì
(2) 汽车前盖 qìchēqiángài
(3) 方向盘 fāngxiàngpán
(4) 离合器 líhéqì
(5) 散光灯 sǎnguāngdēng
(6) 后视镜 hòushìjìng
(7) 方向盘 fāngxiàngpán
(8) 锁链 suǒliàn
(9) 踏板 tàbǎn
(10) 火车 huǒchē

Ⅱ. (1) 汽车发动不起来。Qìchē fādòng bùqǐlái。
(2) 系好安全带。Jì hǎo ānquándài。
(3) 停这儿。Tíng zhèr。
(4) 这个公共汽车去火车站吗?
Zhè ge gōnggòngqìchē qù huǒchēzhàn ma?
(5) 确认一下发动机油。Quèrèn yí xià fādòngjīyóu。

23. 기차·버스·비행기

Ⅰ. (1) 窗口 chuāngkǒu
(2) 特快车 tèkuàichē
(3) 机场 jīchǎng
(4) 卧铺 wòpù
(5) 餐车 cānchē
(6) 检票口 jiǎnpiàokǒu
(7) 应急处理 yíngjíchǔlǐ
(8) 登机牌 dēngjīpái
(9) 海关 hǎiguān
(10) 时差 shíchā

Ⅱ. (1) 去蚕室的公共汽车在哪儿出发?
Qù Chánshì de gōnggòngqìchē zài nǎr chūfā?
(2) 在这儿停一下。Zài zhèr tíng yí xià。
(3) 想定去中国北京的机票。Xiǎng dìng qù Zhōngguó Běijīng de jīpiào。
(4) 飞机几点起飞。Fēijī jǐ diǎn qǐfēi?
(5) 需要飞行多长时间? Xūyào fēixíng duōchángshíjiān?

24. 휴가·여행

Ⅰ. (1) 云 yún
(2) 地平线 dìpíngxiàn
(3) 救生圈 jiùshēngquān
(4) 海边 hǎibiān
(5) 背包 bēibāo
(6) 湖 hú
(7) 潜水服 qiánshuǐfú
(8) 睡袋 shuìdài
(9) 地铁路线图 dìtiělùxiàntú
(10) 防晒霜 fángshàishuāng

Ⅱ. (1) 一个星期后我去度假。Yí ge xīngqī hòu wǒ qù dùjià。

(2) 想在中国呆3个月以上得有鉴证。

Xiǎng zài Zhōngguó dāi sān ge yuè yǐshang děi yǒu qiānzhèng。

(3) 今天晚上打行李。Jīntiān wǎnshang dǎ xíngli。

(4) 我在国外度假。Wǒ zài guówài dùjià。

(5) 为了滑雪冬天我去山上。Wèile huáxuě dōngtiān wǒ qù shānshang。

25. 호텔

Ⅰ. (1) 登记 dēngjì   (2) 行李 xíngli

(3) 搬运工 bānyùngōng   (4) 门卫 ménwèi

(5) 紧急出口 jǐnjíchūkǒu   (6) 退房 tuìfáng

(7) 闹钟 nàozhōng   (8) 暖气 nuǎnqì

(9) 客房服务 kèfángfúwù   (10) 双人间 shuāngrénjiān

Ⅱ. (1) 有空房吗? Yǒu kōngfángjiān ma?

(2) 我订了一间房。Wǒ dìng le yì jiān fáng。

(3) 那个房间多少钱? Nà ge fángjiān duōshao qián?

(4) 我想换房间。Wǒ xiǎng huàn fángjiān。

(5) 餐厅几点开始营业? Cāntīng jǐ diǎn kāishǐ yíngyè?

26. 컴퓨터·정보처리

Ⅰ. (1) 耳机 ěrjī   (2) 打印机 dǎyìnjī

(3) 键盘 jiànpán   (4) 扫描仪 sǎomiáoyí

(5) 电子布告栏 diànzǐbùgàolán   (6) 服务器 fúwùqì

(7) 邮箱地址 yóuxiāngdìzhǐ   (8) 网上冲浪 wǎngshàngchōnglàng

(9) 杀毒软件 shādúruǎnjiàn   (10) 斜杠 xiégàng

Ⅱ. (1) 这里有互联网吗? Zhèli yǒu hùliánwǎng ma?

(2) 你的电子邮箱地址是什么? Nǐ de diànzǐyóuxiāng dìzhǐ shì shénme?

(3) 我想保存这个文件。Wǒ xiǎng bǎocún zhè ge wénjiàn。

(4) 电脑死机了。Diànnǎo sǐjī le。

(5) 我不会用这个程序，请给我说明一下。

Wǒ búhuì yòng zhè ge chéngxù, qǐng gěi wǒ shuōmíng yí xià。

27. 전화

I. (1) 话筒 huàtǒng   (2) 手机 shǒujī

   (3) 电话卡 diànhuàkǎ   (4) 彩铃 cǎilíng

   (5) 紧急电话 jǐnjídiànhuà   (6) 内线 nèixiàn

   (7) 区号 qūhào   (8) 自动应答机 zìdòngyìngdájī

   (9) 长途电话 chángtúdiànhuà   (10) 短信 duǎnxìn

II. (1) 请帮我找一下金先生。Qǐng bāng wǒ zhǎo yí xià Jīnxiānshēng。

   (2) 我就是。Wǒ jiù shì。

   (3) 请您慢点儿说, 可以吗? Qǐng nín màn diǎnr shuō, kěyǐ ma?

   (4) 我可以留言吗? Wǒ kěyǐ liúyán ma?

   (5) 以后再联系。再见。Yǐhòu zài liánxì。Zàijiàn。

28. 느낌(1)

I. (1) 高兴 gāoxìng   (2) 伤心 shāngxīn

   (3) 生气 shēngqì   (4) 幸福 xìngfú

   (5) 不幸 búxìng

II. (1) 热 rè   (2) 失望 shīwàng

   (3) 生气 shēngqì   (4) 累 lèi

   (5) 太感动了。Tài gǎndòng le。   (6) 别惹我。Bié rě wǒ。

   (7) 哭了一整天。Kū le yì zhěng tiān。

   (8) 快要疯了。Kuài yào fēng le!

   (9) 我完全没力气了。Wǒ wánquán méi lìqi le。

   (10) 你在玩儿我吧! Nǐ zài wánr wǒ ba!

29. 느낌(2)

I. (1) 나는 걱정이 된다.   (2) 나는 개를 무서워한다.

   (3) 나는 그것을 믿을 수 없다.   (4) 참 유감입니다.

   (5) 제 실수에 대해 용서를 구합니다.

II. (1) 我害怕。Wǒ hàipà。   (2) 太恐怖了。Tài kǒngbù le。

   (3) 我很不安。Wǒ hěn bù'ān。   (4) 都别说了! Dōu bié shuō le!

   (5) 我理解你。Wǒ lǐjiě nǐ。

   (6) 我不是故意的。Wǒ bú shì gùyì de。

(7) 对我来说不重要 Duì wǒ lái shuō bú zhòngyào。

(8) 我有怀疑。Wǒ yǒu huáiyí。

(9) 现在可以放心了 Xiànzài kěyǐ fàngxīn le。

(10) 那种事情是什么时候都可能发生的?
　　 Nà zhǒng shìqing shì shénme shíhou dōu kěnéng fāshēng de?

30. 가족

Ⅰ. (1) 할아버지　　　　(2) 작은큰아버지, 삼촌, 고모부, 이모부

(3) 사촌　　　(4) 조카　　　(5) 매형, 매부, 시아주버니

(6) 외할머니　　(7) 출생　　(8) 사십대 여자

(9) 중년 부인　　(10) 노년의 신사

Ⅱ. (1) 奶奶 nǎinai　　　　(2) 姨妈 yímā　　　　(3) 丈夫 zhàngfu

(4) 侄女 zhínǚ　　　　(5) 孙女 sūnnǚ　　　(6) 女婿 nǚxù

(7) 青少年期 qīngshàoniánqī　　(8) 老年期 lǎoniánqī

(9) 死亡 sǐwáng　　　　(10) 老人 lǎorén

31. 동물

Ⅰ. (1) 숫소　　　(2) 말　　　(3) 양　　　(4) 돼지　　　(5) 토끼

(6) 상어　　(7) 게　　(8) 연어　　(9) 고래　　(10) 개구리

Ⅱ. (1) 牛犊 niúdú　　　　(2) 母鸡 mǔjī　　　(3) 蜗牛 wōniú

(4) 鹅 é　　　　(5) 老鼠 lǎoshǔ　　　(6) 金枪鱼 jīnqiāngyú

(7) 猴子 hóuzi　　　(8) 蚂蚁 mǎyǐ　　　(9) 蝗虫 huángchóng

(10) 鹦鹉 yīngwǔ

32. 식물

Ⅰ. (1) 나무　　(2) 도토리　　(3) 나뭇잎　　(4) 뿌리　　(5) 보리수

(6) 대나무　　(7) 민들레　　(8) 목련　　(9) 빗자루　　(10) 못

Ⅱ. (1) 松树 sōngshù　　　(2) 落叶 luòyè　　　(3) 蘑菇 mógu

(4) 茎 jīng　　　(5) 板栗 bǎnlì　　　(6) 菊花 júhuā

(7) 工具 gōngjù　　　(8) 锤子 chuízi　　　(9) 螺丝刀 luósīdāo

(10) 剪刀 jiǎndāo

33. 채소

Ⅰ. (1) 오이　　(2) 마늘　　(3) 당근　　(4) 파　　(5) 무
(6) 아스파라거스　　(7) 계피　　(8) 겨자　　(9) 소금　　(10) 호두

Ⅱ. (1) 洋葱 yángcōng　　(2) 玉米 yùmǐ　　(3) 土豆 tǔdòu
(4) 茄子 qiézi　　(5) 生菜 shēngcài　　(6) 菠菜 bōcài
(7) 生姜 shēngjiāng　　(8) 胡椒 hújiāo　　(9) 糖 táng
(10) 杏仁 xìngrén

34. 과일

Ⅰ. (1) 딸기　　(2) 사과　　(3) 복숭아　　(4) 파인애플　　(5) 배
(6) 오디　　(7) 자두　　(8) 감　　(9) 레몬　　(10) 참외

Ⅱ. (1) 香蕉 xiāngjiāo　　(2) 樱桃 yīngtao　　(3) 石榴 shíliu
(4) 西瓜 xīguā　　(5) 杏 xìng　　(6) 柚子 yòuzi
(7) 蜜柑 mìjú　　(8) 核桃树 hétaoshù　　(9) 葡萄 pútao
(10) 无花果 wúhuāguǒ

35. 자연과 자연재해

Ⅰ. (1) 배　　(2) 자갈, 조약돌　　(3) 바위　　(4) 부두　　(5) 바다
(6) 강　　(7) 민물, 담수　　(8) 동굴　　(9) 평원　　(10) 오솔길

Ⅱ. (1) 悬崖 xuányá　　(2) 救生衣 jiùshēngyī　　(3) 沙子 shāzi
(4) 海岸 hǎi'àn　　(5) 汹涌的大海 xiōngyǒng de dàhǎi
(6) 潮水 cháoshuǐ　　(7) 岭 lǐng　　(8) 农家 nóngjiā
(9) 山火 shānhuǒ　　(10) 海啸 hǎixiào

36 색깔 Ⅰ

Ⅰ. (1) 검은　　(2) 빨간　　(3) 하얀　　(4) 초록의　　(5) 파란
(6) 갈색의　　(7) 밝은 빨간　　(8) 짙은 파란　　(9) 오렌지색의
(10) 핑크색의

Ⅱ. (1) 黄 huáng　　(2) 灰 huī　　(3) 紫红色 zǐhóngsè
(4) 青紫色 qīngzǐsè　　(5) 红通通 hóngtōngtōng
(6) 黄澄澄 huángdèngdèng　　(7) 青绿色 qīnglùsè　　(8) 单色 dānsè
(9) 彩色 cǎisè　　(10) 浑浊 húnzhuó

37 색깔 2

Ⅰ. (1) 이것은 무슨 색입니까?

(2) 그녀의 머리카락은 검은색이다.

(3) 그녀의 눈은 파란색이다.

(4) 어젯밤 나는 완전히 취했다.

(5) 그는 화가 나서 얼굴이 빨개졌다.

Ⅱ. (1) 打黑工 dǎ hēigōng

(2) 那个公司赔本了。Nà ge gōngsī péiběn le。

(3) 他打黑工。Tā dǎ hēigōng。

(4) 周末我们经常去野外踏青。
Zhōumò wǒmen jīngcháng qù yěwài tàqīng。

(5) 他是悲观主义者，把一切都看成黑色的。
Tā shì bēiguān zhǔyìzhě, bǎ yíqiè dōu kànchéng hēisè de。

38. 성격, 특징

Ⅰ. (1) 영리한, 총명한 　　(2) 참을성 있는 　　(3) 멍청한

(4) 수다스런 　　(5) 완고한, 고집불통의 　　(6) 살찐, 뚱뚱한

(7) 마른 　　(8) 유연한 　　(9) 각진

(10) 타원형의

Ⅱ. (1) 不耐烦 búnàifán 　　(2) 懒惰 lǎnduò 　　(3) 沉默 chénmò

(4) 胖乎乎 pànghūhū 　　(5) 圆 yuán 　　(6) 方 fāng

(7) 瘦 shòu 　　(8) 柔软 róuruǎn 　　(9) 冷淡 lěngdàn

(10) 慎重 shènzhòng

39. 수 1

Ⅰ. (1) 基数 jīshù 　　(2) 序数 xùshù 　　(3) 十六 shíliù

(4) 二十三 èrshísān 　　(5) 十万 shíwàn 　　(6) 千万 qiānwàn

(7) 第七 dìqī 　　(8) 第十一 dìshíyī 　　(9) 第三十 dìsānshí

(10) 第一百 dìyìbǎi

Ⅱ. (1) 我住三楼。Wǒ zhù sān lóu。

(2) 我的生日是十月八号。Wǒ de shēngrì shì shí yuè bā hào。

(3) 第六排还有空位子。Dìliùpái háiyǒu kòng wèizi。

(4) 十月一号是中国建国的日子。

  Shí yuè yī hào shì Zhōngguó jiànguó de rìzǐ。

(5) 你已经第三次迟到了。Nǐ yǐjīng dì sān cì chídào le。

40. 수 2

I. (1) 奇数 jīshù   (2) 偶数 ǒushù   (3) 分数 fēnshù

(4) 加减乘除 jiājiǎnchéngchú   (5) 百分比 bǎifēnbǐ

(6) 附加税 fùjiāshuì   (7) 免税 miǎnshuì

(8) 市场价格 shìchǎngjiàgé (9) 支付总额 zhīfùzǒng'é (10) 支付 zhīfù

II. (1) 一句话，我反对。Yí jù huà, wǒ fǎnduì。

(2) 五加六等于十一。Wǔ jiā liù děngyú shíyī。

(3) 三乘五等于十五。Sān chéng wǔ děngyú shíwǔ。

(4) 他很笨。Tā hěn bèn。

(5) 我一周后才回来。Wǒ yì zhōu hòu cái huílái。

41. 방향

I. (1) 里 lǐ   (2) 上 shàng   (3) 左 zuǒ

(4) 地上 dìshang   (5) 横穿 héngchuān   (6) 东北 dōngběi

(7) 西南 xīnán   (8) 前 qián   (9) 靠 kào

(10) 后 hòu

II. (1) 你的车在哪儿？Nǐ de chē zài nǎr?

(2) 我的车在博物馆后边。Wǒ de chē zài bówùguǎn hòubiān。

(3) 邮局在哪儿？Yóujú zài nǎr?

(4) 往左走。Wǎng zuǒ zǒu。

(5) 你说得对。Nǐ shuō de duì。

42. 통행

I. (1) 인도   (2) 교통경찰   (3) 교차로, 사거리

(4) 주차요금 미터기   (5) 추월하다   (6) 통행금지

(7) 공사중   (8) 교통체증   (9) 속도제한

(10) 주차금지

II. (1) 路灯 lùdēng   (2) 信号灯 xìnhàodēng   (3) 车道 chēdào

(4) 停车场 tíngchēchǎng　　(5) 收费站 shōufèizhàn　　(6) 过马路 guòmǎlù

(7) 车库 chēkù　　(8) 单行道 dānxíngdào　　(9) 弯路 wānlù

(10) 人行横道 rénxínghéngdào

43. 공연과 전시

Ⅰ. (1) 조명　　(2) 좌석　　(3) 영화관　　(4) 관객　　(5) 옷 맡기는 곳

(6) 보조 접이의자　　(7) 소품　　(8) 상영　　(9) 휴관일　　(10) 리허설

Ⅱ. (1) 屏幕 píngmù　　(2) 指挥 zhǐhuī　　(3) 展览会 zhǎnlǎnhuì

(4) 明星 míngxīng　　(5) 主角 zhǔjiǎo　　(6) 胶卷 jiāojuǎn

(7) 服装 fúzhuāng　　(8) 影迷 yǐngmí　　(9) 配音 pèiyīn

(10) 字幕版 zìmùbǎn

44. 책

Ⅰ. (1) 커버　　(2) 페이지　　(3) 헌사　　(4) 일간지　　(5) 요리책

(6) 시집　　(7) 동화　　(8) 서점　　(9) 도서관　　(10) 고서점, 헌책방

Ⅱ. (1) 书名 shūmíng　　(2) 目录 mùlù　　(3) 周刊 zhōukān

(4) 杂志 zázhì　　(5) 古书贩 gǔshūbǎn　　(6) 自传 zìzhuàn

(7) 历史小说 lìshǐxiǎoshuō　　(8) 만화책 漫画书 mànhuàshū

(9) 导游 dǎoyóu　　(10) 短篇小说 duǎnpiānxiǎoshuō

45. 식사

Ⅰ. (1) 아침식사　　(2) 식욕을 높이기 위해 식사 전에 마시는 술

(3) 주요리　　(4) 곁들인 요리, 반찬　　(5) 야채샐러드　　(6) 케이크

(7) 샴페인　　(8) 크림치즈　　(9) 소고기　　(10) 돼지고기

Ⅱ. (1) 小吃 xiǎochī　　(2) 开胃菜 kāiwèicài　　(3) 吐司 tǔsī

(4) 面包 miànbāo　　(5) 香肠 xiāngcháng　　(6) 冰淇淋 bīngqílín

(7) 奶酪 nǎilào　　(8) 每日特餐 měirìtècān

(9) 红酒 hóngjiǔ　　(10) 蛋糕 dāngāo

46. 식당

Ⅰ. (1) 주점　　(2) 구내식당　　(3) 웨이터　　(4) 미식가

(5) 밀크커피　　(6) 포크　　(7) 숟가락　　(8) 접시

(9) 계산서 　　　(10) 팁

Ⅱ. (1) 酒吧 jiǔbā　　　(2) 快餐厅 kuàicāntīng　　(3) 套餐 tàocān

　　(4) 主厨 zhǔchú　　　(5) 半熟 bànshú　　　(6) 苦咖啡 kǔkāfēi

　　(7) 果汁 guǒzhī　　　(8) 柠檬水 níngméngshuǐ

　　(9) 烟灰缸 yānhuīgāng　　(10) 胡椒 hújiāo

47. 가게

Ⅰ. (1) 벼룩시장　　(2) 완구점　　(3) 빵집　　(4) 미용실

　　(5) 가두판매점　　(6) 쇼핑카트　　(7) 진열장　　(8) 집으로 배달

　　(9) 계산원　　(10) 판매원

Ⅱ. (1) 百货商店 bǎihuòshāngdiàn　　(2) 蛋糕店 dàngāodiàn

　　(3) 肉店 ròudiàn　　　(4) 케이크점 点心店 diǎnxīndiàn

　　(5) 药店 yàodiàn　　　(6) 洗衣店 xǐyīdiàn

　　(7) 香水店 xiāngshuǐdiàn　　(8) 旅行社 lǚxíngshè

　　(9) 食品杂货店 shípǐnzáhuòdiàn　　(10) 商标 shāngbiāo